Libre de adicciones

Promexa/Autoayuda

María Esther Barnetche de Castillo
Elia María Barnetche de Maqueo
Tesha Prieto de Martínez Báez

Libre de adicciones

Portada: Carlos Aguirre
Tipografía: Solar, Servicios Editoriales, S. A. de C. V.

Libre de Adicciones
© 1991, Ma. Esther Barnetche de Castillo, Elia Ma. Barnetche de Maqueo
y Tesha Prieto de Martínez Báez
© 1991, EDITORIAL PATRIA, S. A. DE C. V.
Bajo el sello de Promexa
Renacimiento 180, Colonia San Juan Tlihuaca
Delegación Azcapotzalco. C. P. 02400, México, D. F.

Miembro de Cámara Nacional de la Industria Editorial.
Registro núm. 046

ISBN 968-39-0507-2

Impreso en México
Printed in Mexico

Primera edición: 1991
Octava reimpresión: 1997
Novena reimpresión: 1997

Índice

Dedicatoria 11
Reconocimiento 13
Introducción 15
1. El anhelo del hombre 19
   Relaciones íntimas 19
   Relaciones sanas 23
2. Adicciones 25
   Definiciones 27
   Características 29
      Tolerancia 29
      Síntomas de abstención 30
      Engaño de sí mismo 30
      Pérdida de la fuerza de voluntad 30
      Distorsión de la atención 31
   Facetas 34
      Negación 35
      Autoengaño 36

Distorsión 37
Deshonestidad 37
Estar a la defensiva 39
Desesperanza 39
Sustentarse en promesas 40
Depender de las expectativas 40
Dualismo o pensamiento de todo o nada 41
La ilusión de ser siempre lógico y racional 41
La referencia externa 41
Invalidación 41
Control 42
Olvido 42
Procesos de pensamiento 42
Perfeccionismo 43
Centrados en sí mismos 43
3. *Diferentes clases de adicciones* 45
Adicciones de atracción 46
Adicciones aversivas 47
Adicciones ingestivas y adicciones de proceso 50
Adicciones ingestivas 52
   Alcohol 52
   Drogas 58
   Fármacos 60
   Cafeína 63
   Fumar 65
   Desórdenes en la alimentación 69
   Azúcar y chocolate 77
Adicciones de proceso 80
Adicciones emocionales 80
   Adicción al enojo 80
   Alegría 82
   Culpa 84
   Vergüenza, tristeza y sufrimiento 85
   Adicción al caos, al estrés 87
   Adicción a las catarsis 89
Adicción a las relaciones 91
Adicciones mentales 99

Pensamiento obsesivo 99
Obsesión por los detalles 102
Pensamiento negativo 103
Preocupación 105
Exageración 106
Adicciones de comportamiento 109
  Robo 109
  Adicción a las compras 111
  Adicción al trabajo 113
  Mentira 122
  Perfeccionismo 125
  Adicción sexual 127
  Adicción al romance 131
  Ejercicio 133
  Televisión 135
  Juego 138
  Acumular dinero 142
  Activismo 144
  Religiosidad 147
  Computadoras 149
  Chisme y crítica 151
  Crimen 153
  Otras 153
  Ejercicio 155
4. *El proceso adictivo* 157
  Raíces 157
    Falta de identidad, heridas, traumas, carencias 159
    Emociones y sentimientos reprimidos 164
      Enojo 167
      Culpa 171
      Miedo 174
      Vergüenza 176
      Resentimientos 179
  Familia disfuncional 182
5. *Desarrollo del proceso adictivo* 187
  La psicología 187
    La teoría psicoanalítica 187

La teoría conductista 188
   Aprendizaje 189
   Formación de hábitos 189
   Dificultad 190
La neurología 191
   Retroalimentación 191
   Habituación 192
   Adaptación 192
La sociología 193
La Sagrada Escritura 196
La teología 197
6. *Proceso de recuperación* 203
Sanar las raíces 212
Sanar las emociones 215
Sanar el resentimiento 215
   El perdón 216
Sanar a la familia disfuncional 220
Sanar las actitudes y los patrones de pensamiento 223
   Negación 224
   Autoengaño 225
   Deshonestidad 225
   Distorsión 226
   Vivir a la defensiva 226
   Desesperanza 227
   Basado en promesas 227
   Absorción 227
   Pensamiento todo o nada 228
   Ilusión de control 228
   Referencia externa 228
   Invalidación 229
   Olvido 229
   Proceso de pensamiento confuso 229
   Perfeccionismo 230
   Centrarse en sí mismo 230
Sanar las conductas 231
Bibliografía 239

Dedicatoria

Para los pobres,
para los ricos,
para los sabios,
para los ignorantes,
para los viejos,
para los jóvenes,
para todas las razas,
para todas las creencias,
para todos los tiempos,
porque todos estamos invitados a salir de
la prisión y ser libres de la esclavitud.

Cristo nos dio libertad para que seamos libres.
Por lo tanto, manténganse ustedes firmes en esa
libertad y no se sometan otra vez al yugo de la
esclavitud.

GÁLATAS 5:1

11

Reconocimiento

A nuestras familias.

A nuestro grupo de trabajo del Centro
de Oración del Sagrado Corazón

A Gloriana Bednarski R.S.M.

A las madres carmelitas de Tulyehualco

A todas las personas que han
compartido su historia con nosotras
y nos han permitido publicarla

Introducción

Vivimos en una sociedad adictiva. Los individuos que la formamos hemos ido perdiendo nuestra libertad interior y hemos buscado, aun sin darnos cuenta, caminos para escapar del dolor que nos produce el no haber solucionado satisfactoriamente nuestro anhelo de entablar relaciones sanas e íntimas con nosotros mismos, con los demás y con Dios.

Cuando hablamos de adicciones pensamos en alcohol, droga, cigarro y otros, y clasificamos a las personas que padecen esos problemas como enfermas. No nos percatamos de que muchos podríamos sentirnos aludidos si ampliáramos el campo de las adicciones a todas las que existen y atrapan a los seres humanos.

Las conductas compulsivas y obsesivas son en sí mismas formas de adicción; de estas difícilmente se escapa alguno de nosotros si de verdad queremos ser sinceros y realistas.

Algunas de las soluciones que se nos proponen para salir

de ellas son falsas y otras son incompletas porque no toman en cuenta a la persona como un ser total compuesto de cuerpo, mente y espíritu. Las soluciones parciales sólo aumentan la angustia y el problema mismo y nos llevan a la desesperanza y al desaliento.

¿Qué son las adicciones y por qué caemos en ellas? Estas son algunas de las preguntas que nos contesta este libro. ¿Qué soluciones reales y efectivas hay para poder salir de un patrón adictivo?

La psicología nos plantea alternativas que podemos aprovechar; pero la medicina de la persona integral, como llamaba el gran psiquiatra cristiano Paul Tournier a la terapia que incluye la oración y toma a Dios como el centro de la vida del ser humano, tiene la respuesta auténtica y eficaz que hemos buscado por tanto tiempo.

Tratamos en este libro de reunir todo lo que está a nuestro alcance para ser libres de las adicciones. Compartimos con ustedes nuestra experiencia de más de 16 años con personas que acuden al Centro de Oración del Sagrado Corazón.

No despreciamos nada, pero hacemos hincapié en lo que para nosotros es más importante: el hombre y la mujer necesitados del amor incondicional que es el único capaz de sanar las heridas de la vida.

Proponemos un camino para ayudar al ser humano que está dispuesto a enfrentar en la verdad su problemática interior. El adicto o la adicta son personas buenas y valiosas que han llenado esos huecos de su existencia en formas equivocadas porque no han podido soportar el dolor interno que les produce la carencia de relaciones sanas y adecuadas.

Sin embargo, el solo hecho de conocer nuestras adicciones no resuelve nada si no decidimos dar los pasos necesarios para salir de la esclavitud. A nosotros nos toca caminar hacia la libertad y trabajando en todas las áreas en que descubramos que estamos esclavizados. Nadie puede hacer este trabajo por nosotros. Cada uno de nosotros es responsable del provecho que saque del darse cuenta de la situación oprimida en la que está y tome la decisión de emprender la lucha.

Sí podemos ser auténticamente libres para optar, para tomar decisiones libres, para caminar hacia la luz, en fin, para vivir.

CAPÍTULO 1

El anhelo del hombre

Relaciones íntimas

Los seres humanos fuimos creados por Dios para amar y así ser felices. Tanto si poseemos una conciencia religiosa o no, este deseo de nuestro corazón es nuestro anhelo más profundo y nuestro tesoro más valioso. Este anhelo es la esencia del espíritu humano y la meta de nuestros más nobles sueños.

Durante nuestra vida Dios protege este anhelo dándonos los dos grandes mandamientos: "Amarás al Señor tu Dios con todo tu corazón y al prójimo como a ti mismo".

El amor se expresa a través de las relaciones. Estamos llamados a entrar en relaciones íntimas con nosotros mismos, con los demás y con Dios. Llamamos relaciones íntimas a aquellas que son auténticas, profundas y sinceras.

La intimidad se logra a través de un proceso que empieza

en el "darse cuenta". No es un acontecimiento que se pueda lograr de un momento a otro. La intimidad, en primer lugar consiste en atender a la propia persona en todos sus aspectos.

Es muy importante que se dé esa intimidad del ser humano consigo mismo. Esto implica el saber quiénes somos, hacia dónde vamos y cuáles son nuestros valores en la vida.

Para saber quiénes somos es necesario ser conscientes de nuestros sentidos, de nuestras emociones, de nuestra mente, de nuestra voluntad y de nuestra interioridad.

Nuestros sentidos perciben el mundo y al darnos cuenta de esas percepciones experimentamos una inmensa gama de sensaciones positivas y negativas que producen en nosotros diversas reacciones emocionales, también negativas o positivas. Nuestra mente las juzga, en cierto modo las cataloga y nos lleva a responder de diferentes maneras. Entonces nuestra voluntad decide la forma de actuar. Este proceso podrá realizarse de manera más sana e integral a medida que nos vayamos dando cuenta de las raíces de las conductas que tenemos y las veamos a la luz de nuestros valores. Como resultado, nuestras respuestas a las percepciones, a las sensaciones y a las emociones, adoptarán vías cada vez más adecuadas de manejo, aceptación y expresión.

Además, para tener una noción de quiénes somos, debemos integrar las percepciones, sensaciones, emociones y respuestas dentro de una identidad propia y esta identidad cobrará claridad en la medida en que podamos conocernos mejor y vayamos aceptándonos como seres dignos, valiosos, únicos e irrepetibles y en la medida en que entendamos que fuimos creados por amor y para amar. Mientras más crezca nuestro sentido de identidad, mejor nos iremos relacionando internamente.

La intimidad con nosotros mismos es la llave que abre nuevas puertas para relacionarnos bien con los demás y con Dios. Cuando se ha logrado un avance en este proceso de autoconocimiento es posible comenzar a compartir en ese mismo nivel de profundidad con otras personas. Nadie da lo que no tiene. Nadie puede tener relaciones profundas con otra persona si no las tiene consigo mismo.

Para establecer estas relaciones con uno mismo es necesario descubrir los canales adecuados. Esta intimidad consiste en conocerse mejor para amarse más. Implica la aceptación plena de uno mismo con el propio cuerpo, las emociones, los impulsos, pensamientos y deseos.

La intimidad nos va llevando al cambio. Cada día crecemos, maduramos y nos liberamos en la medida en que nos conocemos mejor y en que decidimos vivir en la verdad. Nos aceptamos como seres intrínsecamente buenos cuyo potencial es llegar a la unión de amor con Dios. También veremos claramente nuestras debilidades y entraremos en contacto con nuestra condición humana y con nuestra vulnerabilidad y limitaciones.

La verdadera intimidad con uno mismo lleva a la relación profunda y auténtica con los demás. Es un proceso que se logra con el tiempo. Consiste en "conocer" y "ser conocido". Es necesaria la apertura, la buena voluntad, la honestidad, la confianza y el esfuerzo continuado de dos personas. Se realiza a través de la comunicación profunda, libre de juicios. Si juzgamos las intenciones y las motivaciones del otro, no lograremos nunca la intimidad. También se da en la "igualdad"; ninguno puede sentirse superior al otro.

La intimidad es dinámica. Siempre va en aumento y siempre madura. Cuando se logra una relación de este tipo entre dos personas el beneficio es mutuo: aprenden a conocerse, a confiar, a apoyarse y a amarse. El fruto es la seguridad, el gozo y la paz interior en ambas.

Según la psicóloga Anne Wilson Schaef, la relación íntima tiene las siguientes características:

1. Conocemos y somos conocidos por el otro.

2. Compartimos experiencias de vida.
3. Hablamos con libertad de todo; no analizamos.
4. Es divertida y alegre. Compartimos errores y bromas.
5. No es necesariamente romántica y sexual.
6. No está condicionada por el tiempo y el espacio. Uno de los dos se puede ir cuando deba hacerlo sin romper la intimidad.
7. Intercambiamos información abiertamente.
8. Es un regalo de Dios.

La intimidad es una experiencia trascendente que se expresa y llega a su plenitud en la relación con el otro.

Podemos decir que es, en primer lugar, una experiencia espiritual pero también una experiencia emocional y puede ser una experiencia física. Sin embargo, sin lo espiritual no hay intimidad. Si sólo hablamos del aspecto físico tampoco podemos hablar de intimidad.

La intimidad es como un árbol con raíces profundas que da magníficos frutos y tiene ramas frondosas. Es un árbol lleno de vida. Las personas que no tienen intimidad en sus relaciones viven existencias pobres, superficiales y raquíticas, algo así como los árboles que no tienen raíces profundas, ni frutos ni hojas.

La experiencia de la intimidad con el otro nos permite amarnos y amar plenamente a los demás con todas las características que tiene un verdadero amor: paciencia, perdón, entrega total, compromiso, verdad, confianza, comprensión, gozo, etcétera.

La intimidad con Dios redondea el círculo de nuestra felicidad, pues la meta de la intimidad como decía san Juan de la Cruz es el Todo. Él nos invita desde que llegamos a este mundo a un encuentro personal. Para llegar a esta meta hay un camino que consiste en una red de relaciones que se van haciendo íntimas porque el motor que las impulsa es el amor.

Esta intimidad es el estado de ánimo más gozoso que puede experimentar el ser humano. Por eso, cuando no la encuentra, hace cualquier esfuerzo para buscarla, pues este deseo brota de la esencia de su naturaleza.

Un instrumento importante en el camino es la oración. A través de la oración descubrimos quién es Él y quiénes somos nosotros.

Al ir creciendo en esta intimidad, Dios nos revela la Verdad. Al contemplarlo a Él nos llenamos de fe, esperanza y amor y descubrimos su plan para nuestra vida. Cuando nos encontramos con Él nos hallamos también con nosotros mismos. Cuando somos fieles a esta relación, crecemos en intimidad con Él y somos cada día más libres.

Para lograr esta intimidad se necesita paciencia y perseverancia y un clima de soledad y silencio.

La intimidad en sus tres aspectos, es lo que más necesitamos en la vida. Es el anhelo que está profundamente grabado en el fondo de nuestro ser.

Relaciones sanas

La otra necesidad básica del ser humano son las relaciones sanas.

El hombre es un ser relacional. Cuanto más nos relacionamos en la línea de la comunicación y del amor, tanto más nos realizamos como personas.

Es reciente el interés de la psicología por explorar el potencial que hay en las relaciones y por buscar formas de ayudarnos a tener mejores relaciones. A todos nos interesa aprender, porque sabemos que nuestra felicidad depende, en gran parte, de nuestras relaciones.

Para empezar a caminar hacia las relaciones sanas es importante reconocer que algunas de nuestras relaciones no son precisamente adecuadas, pues todos tenemos áreas enfermas en ellas.

Harriet Lerner, en su obra *The Dance of Intimacy*, nos dice:

> Una relación sana es aquella en la cual ningún miembro silencia, sacrifica o traiciona el sí mismo y en la que cada miembro expresa fuerza y vulnerabilidad, debilidad y competencia en forma equilibrada.

Tener una relación sana significa poder ser quienes somos y podemos permitirle al otro ser quien es.

En este tipo de relaciones "yo" puedo ser "yo", "tú" puedes ser "tú" y "nosotros" podemos ser "nosotros".

Las relaciones sanas nos permiten crecer y madurar y nos dejan libres para ser nosotros mismos. No nos sentimos juzgados por el otro ni en peligro de perder la relación. No tememos cometer errores y ser vulnerables. Le damos al otro la misma libertad que nosotros queremos tener y lo aceptamos tal cual es. No utilizamos nuestro amor para cambiarlo, sino para afirmarlo.

Le podemos hablar de la verdad como nosotros la percibimos y tratamos de buscar salidas y soluciones conjuntas para mejorar la relación en las áreas que lo requieran.

Las relaciones sanas no se logran fácilmente pues los modelos de relación que hemos tenido en nuestra vida han sido pobres, enfermos o no han existido. Además, las heridas de nuestra vida nos han cerrado a las relaciones, nos han hecho desconfiar o nos han llevado a relaciones codependientes.

Después de reconocer cómo son nuestras relaciones y de ver lo ideal que sería relacionarnos sanamente, podremos tomar la decisión de caminar hacia la curación de las heridas del pasado para vivir en el presente, libres de todo lo que nos evita la intimidad con nosotros mismos, con nuestros hermanos y con nuestro Dios.

CAPÍTULO 2

Adicciones

Cuando reconocemos en el fondo de nuestro corazón ese anhelo de relaciones sanas, íntimas, con nosotros mismos, con los demás y con Dios, nos damos cuenta al mismo tiempo que esto se da en nuestra vida con más o menos dificultad. Amar a Dios, amar al prójimo y amarme a mí mismo de pronto se convierte en algo muy difícil, a veces imposible. A veces ni siquiera nos damos cuenta de que ese anhelo de intimidad existe dentro de nosotros, sólo sentimos un vacío, una necesidad no satisfecha, un anhelo nunca alcanzado, pero ni siquiera sabemos qué anhelamos. El anhelo desaparece de nuestra conciencia, de nuestra mente y la energía con que lo buscamos es usurpada por otras fuerzas que pueden ser todo, menos amor, menos intimidad.

Nuestro deseo es atraído por algo distinto y de pronto nos encontramos haciendo algo que no hubiéramos querido hacer.

San Pablo, en su epístola a los romanos dice: "No entiendo lo que me pasa, pues no hago lo que quiero y en cambio aquello que odio es precisamente lo que hago" [Rom. 7:15] y más adelante dice: "Me doy cuenta de que aun queriendo hacer el bien, solamente encuentro el mal a mi alcance. En mi interior me gusta la ley de Dios, pero encuentro en mí algo que se opone a mi capacidad de razonar; es la ley del pecado, que está en mí y que me tiene preso" [Rom. 7:21-23].

Es precisamente este pecado el que nos aparta del amor de Dios, del amor del prójimo y del amor a nosotros mismos.

Sobre el pecado hablaremos más tarde para verlo en relación con la adicción.

La psicología señala como responsables del hacer lo que no queremos y no hacer lo que queremos a dos fuerzas: la represión y la adicción.

La represión sumerge en nuestro inconsciente el deseo de amar, porque el amor nos hace vulnerables. Todos sabemos que el amor produce gozo, pero que también puede hacernos sufrir y por ese miedo al sufrimiento reprimimos ese deseo de amar.

Lo mismo hacemos con nuestro anhelo de Dios.

Reprimirlo significa quitarlo de nuestra conciencia, de nuestro "darnos cuenta" y entonces ya podemos enfocar nuestra atención hacia otras cosas. Esto se llama desplazamiento y es uno de los mecanismos de defensa usados por el ser humano cuando no quiere darse cuenta plenamente de algo.

Por supuesto, lo que reprimimos no desaparece, permanece en nosotros en la periferia de nuestra conciencia listo para aparecer a la primera oportunidad.

Por muchos años se creyó que la represión era la única responsable de las conductas autoderrotistas y destructivas, pero en la actualidad ha habido un cambio importante en esta línea.

A través del estudio de esas conductas en el campo de las dependencias químicas se vio que hay una fuerza distinta a la represión que abusa de nuestra libertad y que nos conduce a hacer cosas que no deseamos.

La represión sofoca el deseo y la adicción lo encadena y esclaviza toda la energía del deseo a ciertas conductas específicas, a ciertos objetos o a ciertas personas. Los objetos del deseo o apego se convierten en preocupaciones y obsesiones y llegan en muchas ocasiones a regir nuestras vidas.

La palabra "apego" es usada en la mayoría de las tradiciones espirituales para indicar el hecho de que nuestro deseo queda atado a ciertas cosas, disminuye nuestra libertad y va creando adicciones.

Es por esto que en el tratamiento de las adicciones la terapia tradicional que se basa en disminuir o soltar lo que hemos reprimido, ha resultado ser ineficaz.

Es muy duro aceptar que las dinámicas de la adicción están activamente trabajando en cada uno de nosotros a través de nuestros deseos y apegos.

Antes de estudiar esas dinámicas haremos una revisión de lo que se ha considerado como adicción para luego describir cómo llegamos a esas adicciones.

Definiciones

La adicción es un estado de compulsión, obsesión y preocupación que esclaviza la voluntad y el deseo de la persona.

Anne Wilson Shaef dice que:

Adicción es cualquier proceso ante el cual somos impotentes. Nos controla, nos obliga a decir, hacer y pensar cosas que no van de acuerdo con nuestros valores personales y nos conduce progresivamente a ser más compulsivos y obsesivos.

Pía Mellody sostiene que:

Adicción es cualquier proceso que se usa para evitar o eliminar cualquier realidad que sea para nosotros intolerable o dolorosa.

Al evadirnos, el dolor se convierte en nuestra prioridad. Se necesita algo fuera de nosotros que aleje los sentimientos negativos que tenemos de nosotros mismos. Necesitamos de algo o alguien que nos pueda quitar el vacío y la soledad que sentimos. Necesitamos alguna experiencia que altere nuestro estado de ánimo y muchas veces nuestro estado de conciencia. Continúa Mellody:

Adicción es una relación patológica con cualquier cosa, persona o experiencia que altere nuestro estado de ánimo, y que tiene consecuencias negativas en la salud física, mental, emocional y espiritual de la persona.

La adicción se desarrolla cuando queremos evadirnos o defendernos del dolor o cuando el anhelo de amor es tan grande, que necesitamos llenar con algo nuestro vacío interior.

El psicoanalista Theodore Rubin en *Compassion and Self-Hate* dice que el alcohol, la droga, el tabaco y la comida son usados con frecuencia para sedar y anestesiar el odio que la persona se tiene. Esto, desafortunadamente, es usado inconscientemente como una manera de suicidarse lentamente.

El psicólogo social Stanton Peele en su libro *Love and Adicction* opina que "la persona que no puede establecer una relación significativa con su medio ambiente en general, estará más predispuesta a la adicción". Sin pensarlo, se irá absorbiendo en algo externo a ella misma y su sensibilidad crecerá con cada nueva exposición al objeto o experiencia adictiva.

El adormecimiento temporal de la sensibilidad, la sensación

de que todo irá bien, es una experiencia poderosa para algunas personas, y como es placentera, dependerán de la repetición de esa experiencia porque sienten que les da una estructura, les da seguridad, al menos eso sienten, contra la presión de lo que es nuevo y les demanda algo. Por eso se hacen adictos.

Otros autores hacen hincapié en lo habitual de cualquier conducta compulsiva que limita la libertad de la persona. Esta falta de libertad es causada por el apego, es decir, el deseo se clava en objetos específicos.

A pesar de que el concepto de adicción ha ido cambiando con los años, al principio se refería sólo al alcohol y a las drogas, algunos criterios fundamentales permanecen inalterables. Estos criterios son los que se refieren a las características de la adicción.

Es de vital importancia comprender estas características, para poder analizar con honestidad los hábitos que tenemos y que sin darnos cuenta se hayan convertido en verdaderas adicciones.

Al estudiar las características paso a paso podremos darnos cuenta de por qué nosotros y las demás personas encontramos muy difícil de aceptar que somos adictos a algo. Reconocerlo es el primer paso que puede conducirnos a la verdadera libertad.

Características

Tolerancia

Cada vez se necesita más del objeto de la adicción para lograr el mismo resultado. El nivel de tolerancia va en aumento.

Síntomas de abstención

Cuando voluntariamente o por cualquier circunstancia ajena a la voluntad, no se obtiene el objeto de la adicción, se presentan una serie de repercusiones somáticas y psicológicas: una reacción de estrés en el sistema nervioso autónomo que va desde inquietud o nerviosismo hasta un estado de extrema agitación, aceleración del pulso, temblores y una reacción de pánico. Se presenta también lo que se llama reacción de rebote. En el caso de la abstención de alcohol, este rebote produce hiperactividad y a veces hasta convulsiones. Cuando la abstinencia es de estimulantes, produce depresión y somnolencia.

En el aspecto psicológico, se presenta una ansiedad y una necesidad imperiosa del objeto adictivo.

Engaño de sí mismo

Aparecen los mecanismos de defensa para impedirnos ver la verdad. Los principales mecanismos usados son: la negación, la racionalización y el desplazamiento. La mente recurre a mil engaños y justificaciones para seguir con la conducta adictiva. Aparecen motivaciones y deseos que se contraponen entre sí.

Pérdida de la fuerza de voluntad

Se pierde esa fuerza de voluntad porque las motivaciones son contradictorias; por un lado se pretende parar la conducta adictiva, y al mismo tiempo, otra parte de la voluntad no lo desea; quiere seguir con su apego. Cuando el énfasis de la recuperación se pone en la fuerza de voluntad se puede padecer una continua sensación de derrota. Para saber si tienes o no una adicción verdadera, haz la prueba: pon un alto total a esa conducta. Si lo puedes hacer, entonces era un simple deseo o un hábito. Pero si no la paras, no importa cuánto quieras seguir negando o racionalizando, te estás enfrentando a una verdadera adicción.

Distorsión de la atención

A veces no nos percatamos de lo esclavizados que estamos, hasta que algo interfiere con nuestra adicción. Aunque no nos demos cuenta monopoliza nuestra atención de tal manera que nos impide amar. Nuestras adicciones son nuestra principal preocupación y requieren nuestra completa atención; poco a poco se convierten en Dios para nosotros; no dejan lugar para el amor. Podemos disfrazar el hecho de que el objeto de nuestra adicción significa sólo nuestra ocupación actual, pero que nuestra preocupación última, nuestra meta, es amar a Dios. Nuestras mismas acciones nos desmentirán. Veremos que nuestra libertad está ya comprometida en la satisfacción de nuestros deseos; es el aquí y el ahora y nada más nos importa.

El psiquiatra Gerald G. May nos muestra cómo, aspiraciones tan legítimas como el deseo de seguridad, se pueden convertir en muchos casos en una adicción. El deseo de seguridad reúne todas las características de una auténtica adicción. Es una realidad que nuestro límite, nuestra demanda de seguridad aumenta cada día, nunca es bastante. Cuando no la tenemos, vivimos en constante ansiedad. Nos engañamos en nuestras motivaciones para lograrla. Aunque hagamos el propósito de conformarnos con una seguridad limitada, constantemente abandonamos esa decisión y finalmente aceptamos que toda nuestra atención está puesta en la obtención de esa seguridad.

¿A qué hora o en qué momento de nuestra vida seremos verdaderamente libres para ocuparnos de satisfacer nuestro anhelo de Dios y nuestro anhelo de amar a los demás, si cada día requerimos más y más para sentirnos seguros?

Lo mismo ocurre con el poder; y qué decir de las relaciones humanas que deberían ser fuente de unión, de amor, de plenitud y que acaban por manejar nuestra vida porque nos hacemos demasiado dependientes o demasiado posesivos de las personas; demasiado controladores y manipuladores o bien nos dejamos manipular y controlar.

Nuestro valor personal, nuestra bondad, dependen de la aprobación de los demás. Nuestra capacidad de amar y de ser amados es un regalo de Dios, Él nos la ha dado y nosotros estamos empeñados en obtener esto de las criaturas y hacemos lo indecible por conseguirlo.

Además de todo, ni siquiera aceptamos que esta sea nuestra verdad. Por eso, para ti mismo, no tienes que decirlo delante de nadie, hazte lo más sinceramente las preguntas del cuestionario elaborado por el doctor May.

1. *Para ver la tolerancia.*
- Siento que la cantidad de dinero y posesiones que actualmente tengo son suficientes para mi seguridad, o creo que estaría mejor si tuviera más.
- Mi poder y control son suficientes o creo que necesito más.
- Las personas importantes de mi vida son suficientemente confiables, comprensivas y amorosas o me sentiría más seguro si lo fueran más.

2. *Para analizar los síntomas de abstención.*
- ¿Cómo me siento si algo o alguien amenazara con quitarme mis bienes, mi poder o mis relaciones?
- En una semana normal, ¿cuánto tiempo, preocupación o energía invierto en retener esas cosas?
- Si fuera a perder una o varias de esas cosas, ¿cómo me sentiría?

- En el pasado, al perder algo de eso, ¿experimenté la reacción de estrés propia de la abstención de la adicción: ansiedad, agitación física, irritabilidad, etcétera?
- ¿He experimentado la reacción de rebote de la abstención: sentimientos de profunda inseguridad, vulnerabilidad extrema, como si el mundo se acabara?

3. *Para ver el engaño a uno mismo.*

- ¿Disculpo, niego o armo cualquier otro truco mental para racionalizar el hecho de adquirir más posesiones, más poder o para justificar conductas destructivas en las relaciones?
- ¿Ha habido ocasiones en que he querido esconder algunas de mis posesiones o quitarle importancia a mi poder porque realmente creo que tengo demasiado?
- Me descubro a mí mismo en alguna conducta que sea para buscar seguridad, que nunca hubiera elegido.
- ¿Algunos amigos o miembros de mi familia me han señalado que creen que estoy más apegado a esas cosas de lo que yo creo?
- ¿Tengo dificultad para apaciguarme y aguantar un rato de reflexión personal, tal vez porque no quiero enfrentar en el silencio la verdad acerca de esas cosas?
- ¿En lo que se refiere a bienes, poder y relaciones me he descubierto pensando: "puedo tomarlo o dejarlo" o bien "yo puedo manejarlo"?

4. *Para ver la pérdida de la fuerza de voluntad.*

- ¿He tomado resoluciones de darle menos importancia a los bienes, al poder o a las relaciones?
- ¿He sentido éxito o fracaso, orgullo o derrota en esas resoluciones?, ¿qué consecuencias tuvieron esos sentimientos?
- ¿He decidido alguna vez dar más dinero a obras de caridad, ser más generoso que posesivo o evitar cierta clase de relaciones y he descubierto que me sigo comportando igual que antes?

- ¿He llegado a cambiar los simples deseos que tengo en esas áreas por verdaderas compulsiones, por una necesidad apremiante que está fuera de mi control?
5. *Acerca de la distorsión de la atención.*
- ¿Dónde y cuándo mis preocupaciones por los bienes, el poder o las relaciones se apoderan de mi atención totalmente y eclipsan mi interés por:
a) mi amor a Dios.
b) mi amor a otros.
c) mi amor a mí mismo?

Al contestar este cuestionario con honestidad, es importante recordar que hay una gran diferencia entre poseer sentimientos muy fuertes hacia algo y ser adicto a eso. La diferencia estriba en *la libertad*.

Facetas

En el adicto se manifiestan diferentes facetas que pueden verse una por una o bien actuando simultáneamente.

Si imaginamos que padecer una adicción o mantener una relación de codependencia es vivir en una cárcel psicológica, podemos ver que las facetas de la adicción se asemejan a cristales que reflejan la luz de afuera, pues el adicto no tiene luz propia, luz interior que salga a través de los cristales hacia el exterior. Dependiendo de dónde venga la luz será la faceta que la refleje. Esto es más notorio en la persona codependiente, pero sucede también en diferentes épocas o circunstancias de la vida del adicto.

Estas facetas son:

Negación	Ilusión de ser lógicos y racionales
Autoengaño	Referencia externa
Distorsión	Invalidación

Deshonestidad	Control
Vivir a la defensiva	Olvido
Desesperanza	Confusión
Basarse en promesas	Perfeccionismo
Basarse en expectativas	Centrarse en sí mismos
Pensamiento dualista	

Negación

Es el mecanismo de defensa más usado por el adicto. Los familiares codependientes participan de esa negación escondiendo la adicción. La negación nos evita enfrentar lo que sucede dentro de nosotros y frente a nuestros ojos.

Por vivir en un sistema que se basa en la negación, carecemos de herramientas para lidiar con nuestra realidad. En un principio, la mente consciente ignora o rechaza los signos que recibe del cuerpo al aumentar la sustancia o el proceso adictivo. No se reconoce lo que sucede y ni siquiera se piensa en ello. La adicción es obvia para todos, pero el adicto parece ciego. A medida que aumenta la adicción la persona emplea más energía para guardar esas señales fuera de su conciencia. Empieza a reprimirse. Comienza a no estar a gusto. Deja de orar, de meditar, de tener actividades relajantes para dedicarse a cosas que requieran toda su atención.

El patrón de negación y represión produce una sensación de separación de sí mismo. Se experimenta un miedo real a estar solo y a no tener algo que hacer que ocupe toda la atención.

Cuando le señalan su adicción, la persona cambia el tema, lo rechaza, lo olvida o se enoja.

Esta negación puede durar toda la vida, aunque la adicción lo lleve a la muerte. Al mismo tiempo que niegan, también se ciegan a ver lo que los demás les hacen; no quieren darse cuenta de que les mienten, los engañan y les roban. Recordamos una mujer que cuando su marido le confesó que la había engañado durante varios años, se puso furiosa porque se lo dijo y no le permitió seguir negando una realidad que ella presentía, pero rehusaba aceptar.

Muchas veces, en lugar de lidiar con nuestros sentimientos los proyectamos en otros.

Autoengaño

Es una ilusión de que todo cambiará; creemos, o más bien queremos creer que así será. Por ejemplo: "cuando yo quiera dejar de fumar lo haré, lo que sucede es que por ahora no lo deseo". O bien la esposa que dice: "cuando la situación económica mejore, mi marido dejará de beber".

En un programa de la televisión norteamericana conducido por Oprah Winfrey, se reunieron siete personas con hijos que tenían diferentes problemas: deficiencia mental, autismo, hiperactividad, etcétera.

Las madres hablaban de lo que habían sufrido, de cómo habían superado el rechazo de los demás, de la poca ayuda que habían recibido, pero que al fin habían aceptado su situación.

Seis de las madres, curiosamente, eran francamente obesas y una de ellas era muy delgada. La última habló del coraje que sentía contra la vida, contra el gobierno y contra las personas que rechazaban a su hijo, y al darse cuenta de su coraje, decidió emplearlo en una forma constructiva porque veía que la dañaba y la hacía sentirse víctima del mundo entero. Habló de la organización que había formado para defender el derecho a la educación que tenían los niños como el suyo; viajó, escribió, tocó todas las puertas que pudo y al fin se reunió con un grupo de padres con sus mismos ideales y empezaron a reclutar a todos los padres de su estado para lograr educación adecuada para sus hijos.

Las demás usaban la negación acerca de la realidad de su situación, además del autoengaño respecto de sus sentimientos, creyendo que los habían superado cuando su cuerpo aún los resentía.

Distorsión

La negación y el autoengaño nos llevan a distorsionar la realidad. Esto sucede porque negamos nuestras experiencias, los mensajes de nuestro ser. Nuestra conducta se hace cada día más loca, pero nosotros creemos actuar lógica y racionalmente. Se pierde la capacidad de distinguir entre verdad y mentira. Dejamos de confiar en nuestros conocimientos y en nuestros sentidos y nos basamos en percepciones confusas. Al distorsionar la realidad, la exageración es muy común. No se le da importancia y sin embargo, por ser irrealidad, provoca que también los que están alrededor se den cuenta de esa tendencia a distorsionar todo y desconfían de las afirmaciones de la persona.

Deshonestidad

Algunas de las características más sobresalientes del adicto son la deshonestidad, la mentira y la manipulación.

Ya vimos que se miente a sí mismo. Recordemos que, entre otras consecuencias, la adicción impide que las personas se den cuenta de lo que sienten o piensan, y si no saben qué piensan y qué sienten, ¿cómo van a ser honestos consigo mismos?

Si no pueden ser honestos consigo mismos, no pueden serlo con los demás. El resultado es que mantienen relaciones en las que no prevalece la verdad; participan en un sistema familiar deshonesto; y de ahí, naturalmente, surgen organizaciones deshonestas y, en fin, un sistema social deshonesto.

37

Lo que sigue es mentirle al mundo. Cuántas veces la familia del alcohólico o del adicto, se percibe desde afuera como estable, como una familia modelo. Ponen un buen frente, aunque dentro de sí mismos y en la casa reine el caos. Se espera que toda la familia sostenga la mentira, guarde el secreto, esto crea confusión en la familia, la cual duda poco a poco de sus percepciones y cree que el caos es fruto de su imaginación. Sus miembros pierden la capacidad de distinguir entre lo que son y lo que los demás esperan que sean. Creen que si se llegara a saber la verdad nadie los aceptaría.

Aparece paulatinamente un deterioro ético. Pierden contacto con la moral y con la espiritualidad. Pueden robar, mentir y hasta matar con tal de lograr el clímax que su adicción necesita. Se olvida el cuidado de los hijos, no se pagan a tiempo los recibos, se falsean los impuestos, etcétera. Lo peor de todo es que el sistema adictivo acalla dentro de la persona el más mínimo asomo de conciencia. Incluso las personas que falsean los impuestos son vistas como hábiles e inteligentes y no como deshonestas. Se pierde realmente la dimensión espiritual.

Nos ponemos máscaras de buen humor, de competencia, de bondad, cuando la negación, la represión y las racionalizaciones dejaron de funcionar. Y cuando los codependientes no quieren ver lo que miran y saber lo que conocen, participan también de un sistema deshonesto y ayudan a perpetuarlo.

Cuántas mujeres temen ver lo que está a la vista y darse cuenta de lo que conocen, por lo difícil que les sería seguir relacionándose con los hombres en sus vidas.

Los adictos y codependientes no necesitan razones para mentir. Cuántas veces ni siquiera se dan cuenta de que lo hacen, ha llegado a ser costumbre. Y además casi nadie los confronta.

Hacer una pregunta cuando no quieres saber la respuesta,

es deshonesto. Preguntar, cuando lo que quieres es afirmar, es deshonesto. La deshonestidad es muy destructiva para la propia persona y para los que la rodean.

Ocurre que muchas veces la deshonestidad del codependiente es vista por la sociedad como amabilidad, rectitud y bondad y por lo tanto es fomentada. Muchas veces la generosidad de los codependientes es deshonestidad disfrazada. Son indirectos, manipuladores, hablan de las personas, no con ellas. Son chismosos y causan mucha confusión.

Estar a la defensiva

Es un signo de que la enfermedad avanza. Los adictos sostienen que están bien y no aceptan la crítica, la confrontación ni la retroalimentación. Impiden que los demás puedan conocerlos realmente, que vean su vulnerabilidad, que los puedan ayudar de verdad. Mantienen una barrera infranqueable delante de ellos para protegerse y cuando alguien los confronta, su mecanismo de defensa es desacreditar a esa persona en cosas de su vida personal para disminuir la influencia de lo que ella diga a los demás. La intensidad con la que se desacredita a la persona es proporcional al miedo que se tenga de la confrontación.

Desesperanza

Es la sensación de desaliento, de sentir que ya no hay nada por hacer, de rendirse al abuso, a la adicción y perder el deseo de luchar. Esta desesperanza no corresponde a la situación real, es sólo un sentimiento del adicto o del codependiente, pues siempre hay algo que hacer.

En verdad, es muy grande el número de adictos que ingresan a las clínicas de recuperación o siguen los Doce Pasos de AA. Muchas veces es necesario llegar a este punto de la desesperanza para poder elegir entre los dos caminos: la vida o la muerte.

Al respecto, la lectura del Antiguo Testamento, en el libro de *Deuteronomio*, en el capítulo 30:15-19, dice:

> Miren, hoy les doy a elegir entre la vida y el bien por un lado, y la muerte y el mal, por el otro. Si obedecen lo que hoy les ordeno, y aman al Señor, su Dios y siguen sus caminos y cumplen sus mandamientos vivirán y el Señor los bendecirá. Pero si no hacen caso de eso, sino que se dejan arrastrar por otros dioses para rendirles culto y arrodillarse ante ellos, en ese mismo momento morirán y no estarán mucho tiempo en el país que van a conquistar. En este día pongo a la tierra y al cielo por testigos de que les he dado a elegir entre la vida y la muerte, entre la bendición y la maldición. Escojan pues la vida, amen al Señor su Dios obedézcanlo y séanle fieles.

Es aquí donde te das por vencido y te dejas morir o te das por vencido y eliges vivir y recurres a quien puede prestarte ayuda.

Sustentarse en promesas

Te promete que puedes tener todo, que las cosas van a mejorar y le crees. Sobre todo, los días festivos perpetúan una promesa que se rompe una y otra vez. Esos días son especialmente miserables. El creer en la promesa mantiene las relaciones adictivas. Como siempre fijamos la vista y las esperanzas en el futuro, nunca asumimos el presente.

Depender de las expectativas

No nos referimos aquí a no reconocer las cosas buenas del otro, sino que tal reconocimiento conduce a veces a falsas expectativas de cambio y esto permite que la adicción siga.

Dualismo o pensamiento de todo o nada

Es una manera de pensar característica del codependiente y del adicto. En cierto modo así se nos enseña desde pequeños. Tal o cual cosa es correcta o errónea; si una parte se acepta la otra es falsa. Tal vez en el fondo se trate de simplificar lo complejo del mundo para sentir que lo controlamos. Sin embargo esta manera de pensar limita las alternativas y nos fuerza a elegir entre dos opciones que no son buenas y en muchas ocasiones, esta es la razón de que no se haga nada.

La ilusión de ser siempre lógico y racional

Nos hace creer superiores, estar en control de todo, ser como Dios. Esto plantea un conflicto entre la realidad que se percibe y la ilusión; para resolverlo usamos nuestra mente para convertir lo no real en real y poder explicar todo. Con esto invalidamos nuestra realidad y nuestra experiencia.

La referencia externa

Nos enseña a desarrollar el concepto de "sí mismo" por referencia externa. Somos lo que nuestras familias, escuelas, iglesia y otras instituciones esperan que seamos. Vemos nuestros éxitos como los demás los ven.

Invalidación

La primera función de cualquier adicción es invalidar nuestras percepciones y procesos y hacer como si no existieran. Cuántas veces en una discusión, se encuentra un punto en el que vemos una equivocación, y ese solo punto invalida todo lo demás que puede ser valioso.

Control

El adicto confunde a veces la responsabilidad con la ilusión de poseer control. Responsabilidad implica la habilidad de responder. Pero el adicto la hace sinónimo de dar cuenta de las cosas y de culpar. Quiere controlar el "sí mismo" con substancias o procesos.

Olvido

Ser olvidadizo es uno de los aspectos que ayudan al diagnóstico del adicto. Los olvidos abarcan muchas actividades y conductas. Pierden llaves, dejan las llaves en el coche o dentro de la casa, olvidan recoger a los hijos en la escuela o en otra parte, olvidan las citas que hacen, etcétera. Prometen algo y cinco minutos después lo olvidan; en casos extremos tienen periodos que van desde minutos hasta semanas en que olvidan lo que hacen y siguen funcionando hasta que un día se dan cuenta de que han tenido esas lagunas.

Estos olvidos no son voluntarios, por eso los adictos no aprovechan las experiencias del pasado.

Recuerdo una joven con quien comentaba un suceso reciente y yo le decía que era algo repetitivo en su vida lo que estaba viviendo ahora y ella se volvió a mí muy extrañada y me dijo: ¿cómo que ya me había pasado lo mismo antes? Realmente no lo recuerdo.

Procesos de pensamiento

Los procesos de pensamiento tornan confusos, obsesivos, rumiantes y paranoicos a los adictos. Hacen que vuelvan sobre lo mismo una y otra vez y esto produce dolor en ellos y en los que están a su alrededor. Esa confusión es normal dentro de un sistema adictivo. Se gasta excesiva energía tratando de saber qué sucede. Se olvida lo que es la claridad, la no-confusión.

La confusión mantiene a las personas impotentes y fáciles de controlar. Nada hay más fácil de controlar que una persona confusa o una sociedad confusa. La confusión mantiene ignorante a una persona y le impide hacerse responsable de su vida. La mantiene ocupada.

La persona cree que no puede salirse del sistema porque el solo pensamiento la asusta. Se necesita claridad mental para probar nuevas conductas, para cambiar de ruta y cruzar los puentes.

Perfeccionismo

Considerado por aquellos que tratan casos de adicción como la piedra de toque de la recuperación. Ser perfecto es una carga, sin embargo, el sistema adictivo sostiene que sí es posible ser perfecto.

Los adictos no son capaces de ver las cosas buenas, sus virtudes o sus conocimientos; siempre se fijan en lo que no conocen, no pueden hacer o no entienden. Lo lamentable además con el perfeccionista, que pretende nunca cometer errores y que se demanda perfección constante, es que no aprende de sus errores.

El adicto se percibe a sí mismo como malo tratando de ser bueno y no como enfermo tratando de recuperarse.

Centrados en sí mismos

Los adictos están inmersos en sí mismos, aunque parezca que atienden a los demás. Se sienten el centro del universo y todo lo que sucede se hace en favor o en contra de ellos.

Por centrarse tanto en sí mismo, el adicto no distingue los linderos del yo y por lo tanto no respeta al otro. Su "sí mismo" es el centro del universo y por eso no lo trasciende y es arrogante.

Todas estas facetas aparecen en el adicto en diferentes niveles y épocas, y van desde la sutileza hasta lo grotesco.

CAPÍTULO 3

Diferentes clases de adicciones

La primera clasificación que presentamos es la del doctor Gerald G. May, quien las divide en adicciones atractivas y adicciones aversivas. Este psiquiatra sostiene que algunas adicciones se dan en torno a cosas que nos atraen y otras en torno a algo que nos repele.

El deseo, el apego, tiene dos aspectos: el atractivo y el repulsivo; y ambos pueden convertirse en adicción. Señala también que muchas de las adicciones aversivas nunca habían sido tratadas como tales.

El doctor May sostiene que podemos aprender mucho de nosotros mismos si llevamos un control estadístico de esas conductas para reconocer la presencia de una adicción y tratarla como tal.

Tal vez pueda explicarse así lo difícil que es erradicar determinadas conductas y formas de actuar o pensar irrazonables.

Algunas adicciones son realmente trágicas, acaban con la vida, la dignidad de la persona y su autoestima; otras son aparentemente ridículas y absurdas, sin embargo debemos recordar que son reales y limitan a veces en forma grave la libertad de la persona. Otras aparentan ser muy atractivas.

Vamos a presentar la lista del doctor May, y quizá veamos que nosotros podemos contribuir con algo a esa lista.

Adicciones de atracción

al enojo
a la aprobación
al arte
a ser atractivo
a ser bueno
a ser ayudador
a ser amado
a ser agradable
a estar en lo correcto
a ser cuidadoso
a los calendarios
al dulce
a los coches
a las causas
al chicle
a los niños
al chocolate
a la limpieza
al café
a las comparaciones
a la eficacia
a la competencia
a enredarme el pelo con
   los dedos
a los pasatiempos

a los concursos
a la muerte
a la depresión
a la ensoñación
a beber
a las drogas
a la comida
a la envidia
al ejercicio
a la fama
a la familia
a las fantasías
a tamborilear con los dedos
a la pesca
a los amigos
a los muebles
al juego
a la jardinería
al golf
al chisme
a los grupos
a culparme
a cuidar la casa
a la felicidad
a la cacería

al humor
al helado
a la intimidad
a los celos
al conocimiento
a los papás
al desempeño
a las mascotas
a la política
a las palomitas de maíz
al poder
al desorden
al dinero
al cine
a comerse las uñas
al orden
a exprimirse los barros
a los pistaches
a las pizzas
a la popularidad
a las papas fritas
a la lectura
a la imagen propia
a dormir
a la bolsa de valores
a hablar
a ganar

a las imágenes de Dios
a la psicoterapia
a las relaciones
a la responsabilidad
a la venganza
al mejoramiento personal
al sexo
al robo
al estatus
al estrés
a los baños de sol
a la televisión
a la música
al tabaco
al peso
a ser valioso
a mentir
al matrimonio
a las expectativas
a las memorias
a la puntualidad
a seducir
a los deportes
a los refrescos
a la sospecha
al tiempo
al trabajo

Adicciones aversivas

a los aviones
a la ira
a ser anormal
a no ser tomado en cuenta
a ser juzgado

a las anchoas
a los animales
a estar solo
a estar gordo
a ser engañado

al sobrecogimiento
a los pájaros
al aburrimiento
al fuego
a la culpa
a la enfermedad
a la intimidad
a los instrumentos afilados
a los puentes
a las cucarachas
a los gatos
a los espacios cerrados
al compromiso
al conflicto
a la oscuridad
a los dentistas
a la suciedad
a los doctores
a los ratones
a los espacios abiertos
a hablar en público
al rechazo
al sexo
a las arañas
a las personas que son:
  adictas
  competentes
  gordas
  delgadas
  ignorantes
  limpias
  desordenadas
  ricas
  pobres

a estar delgado
a la sangre
al fracaso
a los gérmenes
a los lugares altos
a la independencia
a los de diferente:
  clase social
  creencias
  cultura
  política
  raza
  religión
  sexo
a las multitudes
a la muerte
a la dependencia
a la desaprobación
a las agujas
al dolor
a las ratas
a la responsabilidad
a las víboras
a las tormentas
a la vulnerabilidad
a los extranjeros
al éxito
a los exámenes
al tráfico
a los túneles
al agua
a la comida

Aunque algunas adicciones aparenten no ser graves, e incluso puedan parecer buenas, es importante recordar que lo que las caracteriza como adicción es la falta de libertad, la compulsividad, la esclavitud, y estas nunca son buenas.

No importa cuál sea el objeto de la adicción: la persona no puede controlar la atracción o la aversión hacia el objeto, persona o experiencia.

Como podemos ver en el cuadro de las adicciones aversivas, hasta ahora no habían sido consideradas como adicciones; se les llamaba fobias, prejuicios, resistencias o alergias.

Curiosamente, en el caso de las alergias, la "intolerancia" se ataca inyectando cantidades mínimas de la sustancia a la cual la persona es alérgica, para ir aumentando el nivel de tolerancia. La reacción física a las alergias tiene mucha similitud con los síntomas de la abstención.

Nadie se había preocupado de analizar los prejuicios y las ideas fijas de una persona con respecto a algo o a alguien, por no considerar siquiera la posibilidad de que fuera una adicción y que, además, estuviera fuera del control de la voluntad de la persona. Simplemente se les consideraba personas obcecadas y miedosas. Tal vez estamos iniciando una época en la que puedan hacerse estudios y llevar estadísticas en las clínicas dedicadas a las alergias para ver si pueden considerarse o no como adicciones. Igualmente puede investigarse sobre las fobias para intentar enfrentarlas como reacciones aversivas.

El doctor May considera que una de las adicciones aversivas más fuertes y más difíciles de tratar es la anorexia nervosa. Esta adicción consiste en evitar la comida compulsivamente. La dinámica de la anorexia es la misma que la de cualquier otra adicción, sólo que en lugar de tolerancia manifiestan intolerancia. En vez de síntomas de abstención, aparecen síntomas cuando nos aproximamos al objeto de la aversión.

En nuestra opinión la clasificación hecha por el doctor May

es muy útil, por cuanto nos hace ver una gran gama de posibilidades respecto del campo de las adicciones. Sin embargo hay aspectos que no están suficientemente probados como para darla como algo definitivo.

Adicciones ingestivas y adicciones de proceso

Hay muchas clasificaciones de las adicciones, casi podríamos decir que cada autor o cada clínica hace la división que le resulta más adecuada. Para nosotras la división que más nos clarifica el mundo de las adicciones es el dividirlas en ingestivas y de proceso. Ambas tendencias funcionan esencialmente de la misma manera y producen los mismos resultados. Aunque no todas tienen la misma severidad, exhiben las mismas dinámicas en las conductas y en última instancia acaban por destruir a la persona.

Las adicciones a sustancias, también llamadas ingestivas, nos afectan en forma aparentemente personal, pero al igual que las de proceso, hacen que la persona vaya perdiendo poco a poco la perspectiva social y moral. Por otra parte, además de afectar físicamente al adicto, las ingestivas tienen una trascendencia familiar, social y cultural mayor de lo que se creía en un principio. Pongamos por ejemplo el alcohol. El afectado es quien bebe; sin embargo, perjudica a la familia, a los amigos, su situación económica, su trabajo y aun a la sociedad que puede ser víctima de imprudencias y de falta de control del bebedor. No podemos decir que haya una adicción que sea realmente individual.

Vamos a hacer un esquema de esta división y cada uno podrá darse cuenta de que existen muchas cosas más que podrían añadirse. Cada persona podría contribuir a esa lista con sus propias formas de esclavitud. Sin embargo nosotras nos limitaremos a las más conocidas.

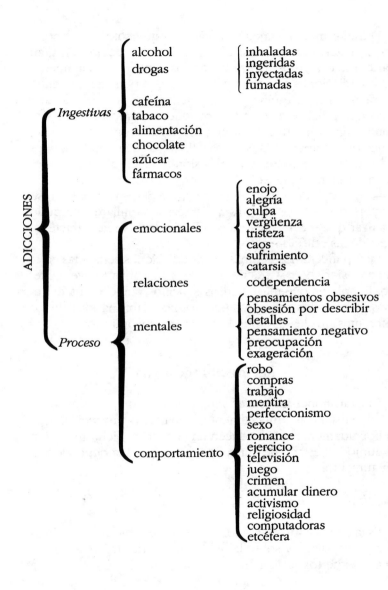

ADICCIONES

Ingestivas
- alcohol
- drogas
  - inhaladas
  - ingeridas
  - inyectadas
  - fumadas
- cafeína
- tabaco
- alimentación
- chocolate
- azúcar
- fármacos

Proceso
- emocionales
  - enojo
  - alegría
  - culpa
  - vergüenza
  - tristeza
  - caos
  - sufrimiento
  - catarsis
- relaciones
  - codependencia
- mentales
  - pensamientos obsesivos
  - obsesión por describir detalles
  - pensamiento negativo
  - preocupación
  - exageración
- comportamiento
  - robo
  - compras
  - trabajo
  - mentira
  - perfeccionismo
  - sexo
  - romance
  - ejercicio
  - televisión
  - juego
  - crimen
  - acumular dinero
  - activismo
  - religiosidad
  - computadoras
  - etcétera

Durante muchos años se consideró que sólo el alcohol y las drogas causaban adicción. Actualmente, debido en gran parte a los estudios realizados en los centros de tratamiento de las adicciones se ha descubierto que la persona que entra a tratamiento presenta por lo general más de una sola adicción: muchos actos en su conducta aparecían de pronto como algo compulsivo, el alcohol y las drogas no eran lo único que atrapaba a la persona y limitaba su libertad. Algunos de estos actos compulsivos, obsesiones imposibles de controlar eran claramente adicciones; otras no lo eran tanto. Sin embargo, debido a que la obtención de datos provenía en su mayor parte del adicto mismo y de sus familiares, se pudo analizar que muchas de esa conductas reunían las características de las adicciones.

Ejemplificaremos algunas de las adicciones señaladas en el cuadro sinóptico y trataremos de explicarlas brevemente. Contemplaremos tanto cuadros sencillos como casos extremos, pero todos son casos reales y nos dan una idea de los diferentes niveles que puede presentar una adicción.

Adicciones ingestivas

Las adicciones ingestivas son, generalmente, la dependencia de sustancias artificialmente refinadas o producidas que deliberadamente se introducen en el cuerpo. Siempre alteran el humor, el estado de ánimo y conducen a una dependencia en aumento.

Alcohol

Es la más común de las dependencias químicas. Es también la más estudiada y sobre la que se ha escrito más.

Los expertos la llaman "adicción primaria" y esto quiere

decir que si no se la trata, tarde o temprano conduce a la muerte.

Existen muchas cosas que nos cambian el estado de ánimo en una forma natural, como el tiempo, el cine, la iglesia, la poesía, las noticias, etcétera. Pero nada lo hace más rápido ni más predeciblemente que el alcohol y las drogas.

Para la mayoría de las personas, en nuestra cultura, las bebidas alcohólicas se buscan y su consumo es aceptado por la sociedad; se bebe para celebrar algo, para compartir, para arreglar negocios y provee un cambio en el estado de ánimo que es agradable y barato. Se anticipa una sensación de relajación y agrado que para algunas personas no reviste mayor importancia. Sin embargo, para otras personas el alcohol se convierte en algo valioso porque sienten que realizan cosas importantes para ellos y los hace sentir muy bien. Poco a poco buscan esta sensación por sí misma, sin importar qué se celebra y con quién, lo importante es la sensación placentera y empieza a formarse una dependencia.

La libertad se va perdiendo y se siente, cada vez más fuerte, una urgente necesidad de consumir el alcohol. Para aquellas personas que reciben los primeros sentimientos placenteros en su vida, el uso de la bebida los encadena poco a poco y cada vez necesitan más cantidad para lograr ese mismo estado. El consumo progresivo del alcohol comienza a causarles conflictos en las relaciones, en el trabajo y los llena de sentimientos de culpa, de tristeza, de coraje y miedo. Así, en vez de buscar la bebida para relajarse y por placer, el alcohol se convierte en algo que les proporciona alivio y anestesia a los sentimientos negativos. Con esto inicia el círculo vicioso que deja su vida emocional vacía, solitaria y todo el potencial físico, de trabajo, psicológico y espiritual se oscurece. Si no se proporciona tratamiento, también la salud mental, emocional y física corre verdadero peligro.

La adicción al alcohol afecta todo, convierte las relaciones de pareja en relaciones de adversarios, la amistad y confianza en las relaciones se termina. El alcohol va poco a poco destruyendo a la persona dependiente y a todos los que están a su alrededor. La persona se miente a sí misma negando el problema y lo mismo hacen los de la familia evitando que el alcoholismo se enfrente a tiempo. El alcohólico produce resentimiento en las personas más cercanas, decepción y falta de confianza. Aflora la culpa, la tristeza, el enojo, el miedo y la desesperación, tanto del alcohólico como de su familia y se producen sentimientos de soledad muy grandes. Ambas partes enfocan todas sus energías en la fantasía de que el dependiente dejará de beber y cada recaída provoca entonces más enojo, coraje, culpa y decepción.

Aquellos que logran dejar de beber tendrán que lidiar con las consecuencias que provocó su enfermedad: los sentimientos sembrados tanto en sí mismos como en sus codependientes, son más difíciles de erradicar que la propia bebida y sólo el amor de Dios tendrá que ir arrancando todo el destrozo causado y creando nuevamente relaciones sanas, con sí mismos y con los demás.

Por ejemplo: en el esposo o esposa, esa falta de confianza comenzó con las promesas rotas de dejar de beber. La comunicación tendrá que iniciarse de nuevo. No se puede parchar nada, es como poner vino nuevo en odres viejos; es importante tener conciencia de que todo tiene que empezar de manera nueva, diferente.

Hay muchos hijos de alcohólicos que han sido víctimas de incesto, golpes, sentimientos de culpa, vergüenza y baja autoestima, que perdieron la capacidad de relacionarse con otras personas.

Cada día se conocen más claramente los estragos que el alcoholismo causa en los hijos y se ha visto cómo, en la edad adulta, los hijos de alcohólicos corren el grave peligro de llevar a sus nuevas familias los daños que resultaron de vivir en una familia con ese problema. Estos hijos de alcohólicos encuentran muchas veces imposible o al menos muy difícil formar relaciones sanas con su pareja porque no saben lo que son las relaciones sanas. Sólo conocen las relaciones enfermas que tuvo su familia de origen. A veces se vuelven demasiado rígidos, intolerantes, excesivamente perfeccionistas, controladores, inseguros, con muy baja autoestima, incapaces de formar relaciones de verdadera intimidad, son personas llenas de miedos, de ansiedad y sobre todo de un gran coraje, por lo general escondido y reprimido, que en muchas ocasiones explota sin razones aparentes.

El caso de Arturo

Arturo es el cuarto hijo de una familia de seis, su hermano mayor y el más chico son hombres. Su padre era un hombre de negocios frustrado. Emprendió tres o cuatro negocios que fracasaron. Su mayor ambición era que sus hijos varones tuvieran el éxito que él no pudo tener. Presionó desde pequeños a sus hijos e ignoró a las hijas, creando en la familia mucho resentimiento e inestabilidad emocional.

El mayor de sus hermanos tomó el papel de perfecto, estudiante brillante e hijo sumiso y servicial; las hermanas sólo pensaban en irse de la casa y hacer su propia vida; el más chico era un muchacho silencioso, ajeno a todo, no daba problemas y se la pasaba en su recámara oyendo música y soñando en quimeras. Arturo, por su parte, fue el hijo problema, tenía malas calificaciones, se peleaba casi diario, tenía amigos que en casa no aceptaban. Los fines de semana salía con ellos y no volvía a su casa antes de la madrugada; casi siempre regresaba borracho.

Las peleas con su papá eran tremendas; el padre lo insultaba, lo hería en su dignidad y amenazaba con correrlo. Su mamá intervenía cuando su esposo, fuera de sí, trataba de golpear a su hijo y para evitar estos pleitos ocultaba a su esposo, cuantas veces podía, el hecho de que su hijo llegara borracho.

Pronto, Arturo dejó de estudiar sin que sus padres lo supieran y los tuvo engañados hasta que un amigo suyo, con una indiscreción, dejó salir la verdad.

Cuando su papá supo que no estudiaba la reacción fue violenta: lo insultó de tal forma que Arturo se fue de la casa y sólo regresaba cuando necesitaba dinero, el cual obtenía de su madre o de alguno de sus hermanos; rara vez se iba con las manos vacías.

Conoció a una chica que lo enamoró y poco a poco se fue reformando. Buscó un trabajo y cuando juntó dinero se casó. Todo fue muy bien hasta que su esposa encargó a su primer bebé. Se molestaba porque durante el embarazo ella le pedía que se salieran de las fiestas antes de que terminaran; se enojaba porque ella no bebía y a esto le achacaba que no estuviera divertida en la fiesta y se quisiera salir. Cuando el embarazo fue notorio, Arturo dejó de acercársele y le decía constantemente que se veía deforme. Empezó a salir solo y a llegar ebrio casi todas las noches. Llegaba a la casa peleando y tambaleándose; muchas veces se quedaba dormido en la sala. Su esposa al día siguiente le reclamaba y él se arrepentía, incluso lloraba y le juraba que esa era la última vez, pero eso decía cada vez y luego volvía a beber.

Su jefe llegó a hablar a su casa preguntando por él y la esposa le daba cualquier pretexto para disculparlo, por el miedo de que perdiera su empleo. Los descuentos en su quincena por llegadas tarde o ausencias habían llegado a tanto que ni siquiera les alcanzaba para pagar la renta del departamento.

Avanzó a tal grado el asunto que su esposa había dejado de visitar al médico por no tener dinero con qué pagar. Cuando llegó el alumbramiento ella les inventó a sus papás que su esposo había invertido todo su dinero en una empresa porque iba a independizarse y les pidió el dinero prestado para pagar los gastos del parto.

Arturo se portó muy bien con ella el primer día después del parto, pero, con el pretexto de brindar por el nacimiento de su hijo, se fue de parranda por tres días y su esposa tuvo que salir del hospital sin que él apareciera.

Cuando volvió a casa sucedió lo de siempre: lágrimas, culpa y promesas, que su esposa creía porque necesitaba hacerlo.

Las promesas duraron dos meses y cada recaída era peor; mientras estaba borracho engañaba a su esposa con otras mujeres y en su inconsciencia llegó a llevarlas a su casa y delante de ellas la insultaba y la golpeaba. En otras ocasiones no salía de su casa varios días pero se acompañaba de la botella. Por supuesto, perdió su trabajo y para conseguir dinero se lo sacaba a sus amigos o a su familia; cuando ellos le cerraron sus puertas, Arturo llegó a hacer trampas, a robar cosas de las casas de sus amigos y las vendía.

Su aspecto se deterioró mucho: no se bañaba, no iba a la peluquería y se rasuraba de vez en cuando lanzando improperios e insultos porque rara vez lo hacía sin cortarse por su pulso tembloroso.

Llegó a tal grado su adicción que frecuentemente su mujer tenía que bañarlo y asearlo y cuando ella se descuidaba sacaba la botella de los innumerables escondites que tenía para ello.

Hasta que la esposa ya no pudo más porque, contra su voluntad, iba a tener su cuarto hijo, decidió abandonar a Arturo.

Él tuvo que enfrentar su realidad para poder recuperar lo que había perdido. Fue a AA y pasó por los Doce Pasos. Seis meses después de que había dejado de beber lo conocimos. Se veía nervioso, delgado y muy inseguro. No le costó mucho trabajo decirnos que era un alcohólico en recuperación pero que se sentía solo y sin ningún aliciente para vivir, que tenía razón su padre al decir que era un fracasado, un don nadie.

Su curación empezó cuando lo llevamos con Jesús a aquellos momentos en que hizo suya la amargura de su padre. Sintió el amor de Dios en esos momentos ayudándole a separar los fracasos de su padre de su propia vida y amarlo ahí en su fracaso. Cuando él pudo perdonarlo a pesar del daño que sufrió por su causa y verlo con infinita compasión y con amor, supo lo que era el amor incondicional de Dios; pudo llenar de Él todos los huecos vacíos de su corazón.

Ahora su matrimonio se rehizo, es muy buen padre, está aprendiendo a darles a sus hijos ese amor que recibió de Dios y además de tener un buen trabajo, la relación con su esposa está reconstruyéndose a través de una verdadera comunicación con miras a una verdadera intimidad.

Oración

Señor, vengo ante Ti, reconociendo que soy alcohólico, que sólo tu ayuda podrá sostenerme. Quiero pedirte la gracia de pedir perdón a quienes he lastimado por mi forma de beber.

Reconozco que el alcohol ha sido una forma de evadirme, de sentirme bien y de no lidiar con mis sentimientos y lo que primero fue una salida, hoy se ha convertido en mis cadenas.

Me avergüenzo de lo que he hecho, de que he usado a las personas y que me he dañado profundamente.

No sólo quiero dejar de beber, sino que sanen las causas que me condujeron a ello.

Quiero encontrar la fuerza para salir adelante, encontrándote dentro de mí mismo, para que la fuerza me venga de Ti y para que mi salud sea Tu amor.

Amén.

Drogas

Entre las adicciones ingestivas hemos considerado las drogas que se inhalan, se fuman, se inyectan y se ingieren.

Sin embargo, no vamos a hablar de ellas en particular porque no tenemos experiencia en ese campo.

Todos sabemos el estrago que las drogas causan en la persona humana, en su mente, en su cuerpo y en sus emociones y cómo afectan a la familia y a la sociedad.

En los últimos años la drogadicción ha sido objeto de estudio en todas las dependencias del gobierno. Para prevenir y atacar este mal, se han creado muchos centros de ayuda a personas con este problema en México, tanto por particulares como por parte del gobierno.

El problema causado por las drogas es muy grave y todo lo que alrededor de ellas gira ha movilizado los esfuerzos de muchos gobiernos. La lucha contra el narcotráfico ha sido emprendida con la intención de acabar con ese mal que tanto daño le hace a la sociedad.

Sin embargo sus raíces y su desarrollo como proceso adictivo son los mismos que los de las demás adicciones; por tal motivo pensamos que el proceso de recuperación puede ser el mismo.

Oración

Señor, estoy desesperado, no puedo manejar mi vida ni un día más. No encuentro salida a mis problemas. Cada vez me siento más solo, más impotente, más hundido.

Dicen que Tú sí me amas como soy y que me acoges en el momento presente con todas mis faltas. Quiero creerlo, porque si no lo hago, la vida ya no tiene sentido para mí y mi única salida sería la muerte.

Dicen que tú curaste a las personas más despreciadas de la sociedad como eran los leprosos de tu época. Y dicen que le diste vista a los ciegos.

Por favor, Jesús, escucha mi clamor, atiende a la súplica de este hijo tuyo que con desesperación pronuncia tu nombre; Jesús, hijo de David, ten misericordia de mí.

Amén.

Fármacos

Los fármacos se empiezan a usar por diferentes razones. Puede ser para disminuir el dolor o la ansiedad, para disminuir el miedo o para ver la realidad en forma diferente.

Igualmente, muchas drogas prescritas por los médicos en estados de crisis se siguen usando después de pasada la crisis sin estar bajo la vigilancia médica y son las que muchas veces causan adicción.

La adicción a los fármacos se desarrolla paulatinamente, sin que se note y cuando lo hacemos nos damos cuenta de que somos dependientes.

La mayoría de las personas acepta que los calmantes pueden ser peligrosos, pero como en ocasiones son recetados por los médicos, se hace fácil negar ese peligro y dejar la responsabilidad al doctor. Lo cierto es que es más fácil tomar una pastilla que enfrentar los sentimientos por los cuales creemos necesitar el fármaco y así solamente curamos los síntomas y la verdadera enfermedad sigue en nosotros y la dejamos sin sanar pues los síntomas que ella produce parecen desaparecer con los fármacos.

Otras veces desarrollamos adicción a una medicina porque esta contiene sustancias de naturaleza adictiva como la cafeína.

Muchos de los medicamentos usados para el dolor de cabeza contienen esas sustancias. Al tomarlos nos sentimos tan bien que cuando pensamos que nos va a doler la cabeza, sin buscar la causa, preferimos tomar la pastilla.

La sensación que estos fármacos dan a nuestro cuerpo, como la aspirina combinada con refresco de cola, es tan agradable que para sentirnos descansados y listos para seguir circulando los tomamos irresponsablemente, sin medir las consecuencias.

En un hogar, si la madre es la dependiente de los medicamentos, su capacidad emocional disminuye, se vuelve distante e impredecible ya que según la hora en que tomó la medicina será su respuesta a lo que ocurra en el hogar.

Si lo que toma es un antidepresivo, su respuesta a la situación externa no será la misma cuando el fármaco está por eliminarse del cuerpo que cuando está en su apogeo. Por ello y casi imperceptiblemente, la familia empezará a tomar decisiones sin consultarla y ella descuidará y terminará por abandonar sus responsabilidades, se sentirá mártir. Casi siempre hay un hijo o hija que toma el timón.

Cuando el padre es el adicto a los fármacos, cambia de humor en respuesta a los medicamentos y a veces exige demasiado de todos y en ocasiones toma sobre sí toda la carga; la familia nunca adivina a qué se deben los cambios de humor, no sabe cuáles son las reglas del juego, ni cómo deben comportarse y sin darse cuenta toda la familia gira alrededor de su dependencia de los fármacos.

Esa dependencia suele no ser tan perceptible ni tan dañina, sólo el dependiente sufre las consecuencias.

Los casos de Elena y Raúl

Elena está tomando aspirinas dos veces al día porque sufrió de reumas durante una temporada. El doctor le había prescrito dos en la mañana y dos antes de acostarse. Hace seis años que no ha tenido síntomas de reuma en ninguna parte de su cuerpo, pero ella sigue tomando las aspirinas por si acaso, sin haber interrumpido el tratamiento para saber si todavía las necesita.

Como Elena hay quienes siguen tomando antidepresivos, calmantes, automedicándose y no se dan la oportunidad de desintoxicar su cuerpo; sin siquiera darse cuenta ya son adictos.

Raúl es un hombre que por 20 años ha dependido de calmantes, ansiolíticos y antidepresivos. Aunque estos medicamentos fueron prescritos por el doctor, sin checar el comportamiento de estas sustancias en su cuerpo mediante revisiones periódicas y visitas al médico, él se siente un experto en cambiar y modificar las dosis según se sienta; su familia paga las consecuencias de ello. Dice Raúl que nadie se conoce mejor que él, pero sucede que cuando en su trabajo tiene un problema y se siente ansioso, toma un ansiolítico, la ansiedad se calma y él no siente la necesidad de enfrentar la situación, la hace a un lado y nunca la resuelve.

Esta situación ha ocurrido tantas veces, que en el negocio de Raúl todos estos problemas se han ido acumulando a tal grado que en estos momentos tiene que declararse en bancarrota y sus deudas alcanzan tantos millones que no tiene manera de pagar.

Para Raúl la causa de su fracaso es la imposibilidad de enfrentar los problemas pues, la energía que necesitaba para hacerlo fue eliminada por los fármacos.

Oración

¡Oh Dios que todo lo sabes y que todo lo puedes! mira con qué sutileza e irresponsabilidad me he hecho un adicto a los fármacos. Tengo miedo de vivir sin ellos, pero es más el miedo de vivir y depender de ellos.

¿Cuándo empezó en mí la incapacidad de manejar la angustia, el insomnio, la ansiedad o la depresión? ¿Por qué no me di cuenta a tiempo, antes de abusar de los medicamentos, por qué me sentí impotente, por qué no definí mis sentimientos antes de que fueran inmanejables? ¿A qué le tenía miedo? ¿A qué rehuía enfrentarme?

Enséñame Jesús, cuál fue mi proceso para esta adicción, sana la herida que me llevó a buscar estas salidas que me hacen esclavo.

Ayúdame a enfrentar esta adicción. No quiero depender de los fármacos para manejar mis estados de ánimo. Camina junto a mí mientras enfrento mi verdad y dame tu amor incondicional para que pueda vivir sólo dependiendo de Ti.

Amén.

Cafeína

La cafeína es adictiva, física y emocionalmente. Altera también el estado de ánimo. Al no provocar conductas tan destructivas como otras adicciones no ha recibido demasiada atención.

Cuando, por alguna enfermedad, su uso es restringido o prohibido, aparecen los síntomas de abstención con mucha fuerza y nos hacen descubrir qué tan adictos éramos o aún lo somos. La adicción a la cafeína debemos considerarla no sólo en fármacos: merece un renglón aparte si hablamos de esta sustancia ingerida en las innumerables tazas de café que una persona bebe a lo largo del día.

Cuando se siente cansada, su pensamiento no puede concentrarse si no toma un café y después de hacerlo se siente reanimada y lista para seguir funcionando.

Cuando se toma como algo disfrutable una taza de café no representa ningún peligro, pero cuando la necesidad de ingerirlo es una demanda del cuerpo, podemos hablar de adicción.

No es normal que una persona beba seis o siete o más tazas de café y lo mismo decimos de la cafeína contenida en muchos refrescos. Cuando alguien "necesita" la cafeína en cualquiera de las presentaciones que el mercado nos ofrece: medicamentos, café o refrescos es cuando ya la adicción está presente. Lo peor de todo es que esa necesidad aumenta y puede llevarnos a adicciones más dañinas.

El caso de Pilar

Pilar es una secretaria de un importante ejecutivo y una persona muy eficiente. Cuando empezó a trabajar en este puesto ocho años antes, era una persona calmada y muy servicial. Esta última cualidad incluía ofrecer café a todas las personas que su jefe recibía. Al principio, sólo servía café para otros y poco a poco empezó a tomarlo ella, hasta que llegó el momento de que lo primero que hacía al llegar a su oficina era poner la cafetera y a partir de entonces su taza era rellenada constantemente con el pretexto de poner café caliente sobre el frío que no había podido beber por alguna circunstancia. Al principio, ofrecerlo había sido realmente una amabilidad de su parte; después era un pretexto para poder consumirlo.

La calma y tranquilidad que la distinguían habían desaparecido para dar ahora la imagen de una persona alterable e impaciente, pues la cafeína había trastornado su carácter y sus nervios estaban a flor de piel.

Si alguien le preguntaba si el café no le hacía daño se enojaba y tomaba café como para darle fuerza a sus afirmaciones. Muchas veces la adicción era más al ritual que se realizaba para tomar el café, que al café mismo.

Oración

Dios mío, sé en el fondo que tengo una adicción y aunque esta no es tan vergonzosa ante mí ni ante todos los demás, reconozco que la cafeína se ha vuelto mi amo, que las circunstancias de mi vida se ven modificadas según la cafeína que he ingerido.

Quiero, necesito ser libre y no depender de esta adicción; quiero sentirme bien porque quiero manejar con mi voluntad, y no con la cafeína, mi cansancio, mi energía y mi ansiedad.

Deseo con todo mi corazón disfrutar y no necesitar de las cosas, gozar con las personas los momentos que compartimos y no darle a la cafeína el lugar que debería ser de ellos; no buscar pretextos de tomar una tacita de café por el café mismo sino por la oportunidad de dar y recibir de las personas que me acompañan.

No permitas que mi capacidad para vivir dependa de la cafeína sino de la seguridad que Tu Amor me da.

Confío en Ti Señor y confío también en mí.

Amén.

Fumar

La nicotina del tabaco (ciertos chicles también tienen nicotina) causa la destrucción total de las personas; aunque de una manera lenta y aparentemente sutil.

Conocemos la destrucción física que causa el cigarro: enfermedad de los pulmones, enfisema, cáncer, enfermedades del corazón, embolias, etcétera. Lo que no se ha señalado es que se nos ofrece como calmante de los sentimientos y de las emociones.

Basta ver, para comprobarlo, la ansiedad que envuelve a la persona cada vez que intenta dejar de fumar. Con el tiempo las emociones naturales que deberían salir a la superficie para conocerlas y trabajar con ellas, son silenciadas, al menos temporalmente por la nicotina. Incluso a veces tales emociones parecen sepultadas pero surgen cuando se quiere dejar de fumar. Es importante conocer lo que sentimos, para poder conocernos realmente y trabajar en cambiar lo que necesita ser cambiado. El cigarro se vuelve el mejor amigo porque nunca nos enfrenta a ningún sentimiento, nos anestesia emocionalmente.

Cuando la persona se acostumbra a fumar ante cada situación de tensión, nunca podrá echar mano de la fortaleza que hay en su interior para lidiar con las situaciones difíciles. Es como si usáramos una muleta. Está bien usarla para caminar si nuestro pie o pierna se han lastimado; pero si la seguimos usando cuando el pie o pierna ya están bien, nunca nos rehabilitaremos completamente y nuestros músculos se irán debilitando cada vez más.

Como el fumar nos provoca una dependencia química a la nicotina no sólo al acto de fumar, dejarlo es muy difícil. Hay muchas personas que fuman en todas sus horas de vigilia y muchas veces hasta se despiertan en la noche para seguir fumando.

La adicción es tan fuerte que aunque la vida peligre, no es posible dejar de fumar. Por eso, para cortar con la adicción se tiene que pasar por tres etapas:

1. Tomar la decisión de hacerlo y buscar la ayuda y el apoyo necesarios, ya sea en un grupo especial para ello, en una clínica especializada, o formar un grupo que se apoye para lograrlo.

2. Enfrentar la ansiedad que aparece al abstenerse físicamente del fumar. Hablar de lo que necesitan, de lo que sienten, y pedir ayuda a quienes se requiera será esencial para lograrlo.

3. Aceptar la realidad de que tal vez por muchos años el cigarro ha sido el mejor amigo y compañero en instantes de sufrimiento y ansiedad y que en este momento en que desaparece se siente un profundo dolor. Es muy importante vivir el proceso de duelo que se vive ante la muerte o la separación de un ser querido, ya que dejar de fumar es una pérdida importante.

Quienquiera que haya tenido el hábito de fumar alguna vez, sabe que fumar es una necesidad que a veces nos hace llegar a extremos de exageración para conseguir un cigarro; especialmente en las noches, saber que no tienes uno solo y que no te va a ser fácil conseguirlo, te lleva a una ansiedad indefinida que controla tus pensamientos y esta urgencia de fumar se convierte en una obsesión.

En el fondo del corazón, uno sabe que es adicto y que nos domina esa necesidad y buscamos todos los pretextos a nuestro alcance para disculparnos y siempre encontrar una explicación que pueda parecer lógica para quitarnos la carga de culpa que tenemos.

Cuántas veces hemos oído "yo no dejo de fumar, eso del cáncer del pulmón puede que me convierta en un sujeto de riesgo, pero cuántas personas que han fumado toda su vida se mueren de viejos y nunca tuvieron que hacer tanto sacrificio y nunca dejaron de disfrutar su cigarrillo cuantas veces quisieron". Alguna vez quizá también hemos oído que a lo mejor morimos de un accidente y perdimos el disfrute del fumar, etcétera.

La verdad es que en la actualidad (pues hace años fumar era motivo de elegancia y distinción social) el fumador, quizá adicto por rechazo en su niñez, se siente mucho más rechazado, señalado y criticado que nunca. Siente que por fumar, no tiene ya cabida en muchos lugares y empieza a sentir enojo hacia otros y consigo mismo; siente incomprensión por su necesidad imperiosa de fumar. Quiere dejar de fumar y no encuentra la fuerza para hacerlo, ataca los síntomas mas no la causa que los produce.

El adicto al cigarro conoce muy bien que esta adicción lo rebaja, ya que fumar controla su voluntad, además, sabe que el olor del cigarro se impregna en la boca, en todo su cuerpo y en su ropa y que a pesar de todos sus esfuerzos y de los desodorantes que use, su adicción no puede pasar desapercibida porque el olor lo descubre.

En muchas ocasiones nos descubrimos sacando un cigarrillo de la bolsa cuando tenemos que decidir algo o al enfrentar algo que nos hace tener miedo; como si esto fuera a solucionar nuestro problema o simplemente como un pretexto para retardar nuestra respuesta.

En otras ocasiones el cigarro nos sirve para evitar entrar en nosotros mismos ya que nos distrae de ello, al contemplar el cigarro, las figuras que hace el humo, la cantidad que inhalamos, etcétera.

El caso de Ricardo

La adicción de Ricardo empezó desde la adolescencia. Confiesa que empezó a fumar porque muchos de sus amigos lo hacían y él no quería sentirse diferente o menos hombre que los demás.

En la época en que su adicción comenzó, fumar se tomaba como un signo de elegancia, madurez e importancia y en los muchachos, se podría decir incluso, como un signo de hombría. A pesar de que le disgustaba el sabor del cigarro, lo mareaba y hasta le causaba náuseas, él decidió que fumaría a como diera lugar.

Al llegar a los 45 años fumaba más de tres cajetillas diarias y prender el cigarro era una compulsión tan incontrolable que a veces no se daba cuenta de que prendía dos cigarros al mismo tiempo.

En el fondo de sí mismo Ricardo sabía que el cigarro estaba haciendo estragos en su salud, tosía noche y día, tenía carraspera constante y respiraba con dificultad. Lo peor de todo era que todo el mundo se lo decía y su única respuesta era el enojo.

A los 55 años le fue imposible vivir en la ciudad de México por el enfisema pulmonar que padecía y tuvo que irse con su esposa, lejos de sus hijos y dejar su trabajo, ya que su cansancio constante por la dificultad de su respiración lo había inutilizado en una forma irreversible.

Oración

¡Oh Dios! cuando miro mi inconsciencia y el poco amor que me tengo al destrozar mi salud, mi autoestima es cada vez más baja. Me digo a mi mismo que dejaré de fumar y ese día nunca llega. Sin ninguna fuerza de voluntad busco pretextos para ir retardando el día en que de verdad tome la decisión de no fumar.

Reconozco ante Ti que yo solo no puedo, sólo Tú que me amas puedes darme la fuerza y el amor que necesito para hacerlo.

Yo soy débil y Tú eres fuerte, yo no me amo y Tú si me amas hasta dar la vida por mí, yo no me conozco y Tú si conoces lo más íntimo de mi ser. Sé que sólo Contigo puedo hacerlo, dame la gracia de decidirme y sostenerme en la lucha contra mi adicción.

Así sea.

Desórdenes en la alimentación

Los desórdenes en la comida pueden ser resultado de problemas no resueltos en el plano emocional, o bien pueden intensificarse por conflictos emocionales. Además, ciertas maneras de lidiar con el estrés actual exacerban estos desórdenes como sucede con otras dependencias.

Es muy claro que los desórdenes en la alimentación presentan las características de cualquier otra adicción.

Independientemente del origen de los desórdenes en la alimentación, cuando los conflictos provocan una frustración difícil de tolerar, la comida es una sustancia confortante que nos da un alivio temporal para el malestar.

La comida puede convertirse en agente adictivo cuando del uso se pasa al abuso y el acto de comer se torna compulsivo, además de un medio para evadir la responsabilidad de los sentimientos y los conflictos propios.

Tratar estas adicciones es muy difícil, ya que no puede practicarse la abstinencia total requerida, como en el caso del alcohol y las drogas, pues sin comer no podemos vivir.

Los desórdenes de la comida se manifiestan de diferente forma: la más común de ellas es comer en exceso, lo que acarrea en la mayoría de las ocasiones graves problemas de obesidad.

Recordamos una ocasión en que fuimos invitadas a participar en un seminario sobre desórdenes en la alimentación en la ciudad de Jacksonville, Florida. A medida que oíamos a las personas en los grupos pequeños que se formaron para intercambiar experiencias, el sufrimiento que se desprendía de cada una ante la impotencia total de controlar la adicción, nos hizo tomar la decisión de escribir sobre el problema y ponernos a estudiar y a trabajar en la elaboración de un programa de recuperación para personas con esta adicción.

Otro problema que ha atraído la atención de los especialistas, psiquiatras, psicólogos e internistas es el problema de la *anorexia*.

Este desorden se caracteriza por la abstención del alimento de manera tan patológica que conduce a la muerte. La incidencia del mal y el número de personas internadas por este motivo ha ido en aumento en nuestro país.

Esta enfermedad es mucho más común en las mujeres adolescentes; pero cada día ocurre más en hombres, adolescentes y en mujeres mayores. Sin embargo, no ha sido sino hasta hace pocos años que se han visto en este desorden las características de las adicciones y la impotencia de los enfermos para controlar la compulsión a dejar de comer.

Otro desorden sobre el cual se está estudiando mucho es el llamado *bulimia*, que se caracteriza por periodos alternantes de exceso en el comer, seguido de provocación de vómito.

Cualquiera de estos tipos de problemas con la alimentación se caracteriza por comer o por dejar de comer como medios para evitar el sufrimiento.

Cualesquiera que puedan ser los factores que intervengan como causa de estos desórdenes —factores genéticos, del medio ambiente o familiares—, la compulsión necesita ser tratada como las demás adicciones para poder lograr una rehabilitación.

Los grupos de comelones compulsivos han probado ser de gran ayuda para la recuperación.

La población que sufre con esta adicción ha crecido en forma desproporcionada en los últimos años y requiere que se le dedique una atención especial. El sufrimiento y la tortura que padecen estas personas ha obligado a muchos especialistas a estudiarla. Es para nosotros una esclavitud, una falta de libertad tan dolorosa que hemos decidido tratarla por separado en un libro.

Entre las personas que sufren con esta adicción, además de las que ya hemos mencionado, están aquellas que se llaman a sí mismas "gordas pero felices". Estas han intentado muchas veces dejar de comer compulsivamente, pero en el proceso, su ansiedad por comer los ha puesto de tan mal humor convirtiendo a los demás en las víctimas de ese estado de ánimo, que bajo el pretexto de no molestar a los demás han vuelto a inclinarse a los excesos en el comer, argumentando que no es justo que "los que me rodean paguen el pato de mi dieta".

Otros caen en el grupo de los que reprimen sus sentimientos de tal manera que el único signo de que algo está mal son los kilos que llevan cargando. Parecen decir al mundo entero que su vida y los problemas no los afectan y que todo está bien. Generalmente son gente sonriente, divertida y parecen personas muy positivas que siempre le ven el lado bueno a las cosas.

En el fondo estas personas tienen muy baja autoestima y por eso sienten que deben mostrar a los demás su mejor cara y lo feo, lo secreto, lo que las molesta, lo echan a un rincón de ellos mismos y luego ni siquiera saben que lo tienen.

Un grupo diferente pero que existe cada vez con más frecuencia, es el de las personas que enfocan su vida entera a descubrir en todos los supermercados, farmacias o tiendas de productos naturales, aquellos productos que las hagan adelgazar sin la necesidad de sacrificar su ansia por comer. Prueban toda clase de medicamentos y dietas que les quiten el hambre y por lo mismo los síntomas de la ansiedad. Este grupo se caracteriza por probar cuanta dieta encuentran o les recomiendan tanto las amigas como los anuncios comerciales. No pueden, por su misma adicción, ser fieles a un régimen alimenticio y deciden que ninguno les funciona, pero la verdad es que empiezan una dieta y cuando su organismo está listo para empezar a adelgazar, la rompen, dándose mil pretextos para no seguirla, a pesar de que muchas veces los resultados en peso o figura les están diciendo que deben seguir con esa dieta. Parecen negar esa realidad, y en vez de mantenerse siquiera en una alimentación moderada, ya que no pueden seguir una dieta estricta, en la que irían perdiendo el exceso de peso lenta pero seguramente, en vez de eso vuelven a comer compulsivamente más y más y quedan peor que al principio, maltratando su metabolismo y su salud.

Recordamos haber visto otro programa conducido por Oprah Winfrey, en la que ella trató el tema de la obesidad.

Las personas obesas explicaban sus sentimientos de enojo hacia las personas que las rechazaban por gordas, encontraban todas las justificaciones del mundo para estar obesas: problemas hormonales, de la tiroides, del metabolismo del agua, etcétera. La conductora entrevistó al hijo de una de las que decía que su problema era hormonal y el joven como de 16 años dijo: "Mamá, no sé para qué quisiste que viniera, este programa me ha hecho sentir muy mal, pero tampoco puedo decir mentiras para apoyar lo que tú dices; tienes que aceptar que casi todos los días te sientas en la cocina y te acabas un galón de helado, comes y comes, como si alguien te lo fuera a quitar y cuando te das cuenta de que ya no hay más, sales a la hora que sea para ir a comprar más. Lo siento mamá pero no creo que toda tu obesidad sea hormonal". El público se quedó en silencio, la madre lloraba, en fin fue un programa muy duro. Sin embargo, todo estaba centrado en pelear contra los de afuera que las atacaban por su gordura y no enfrentaban las verdaderas causas de su compulsión por comer.

El caso de Isabel

Isabel es una mujer que se casó muy enamorada. Pareció por muchos años que todo le sonreía en la vida hasta que su esposo empezó a estar de mal humor y muy impaciente con todo en la casa. El ruido le molestaba, los niños le molestaban; siempre encontraba pretexto para empezar una discusión; ya sabía cuál era el punto débil de su mujer y lo explotaba, provocando que ella se enojara y le respondiera gritando.

Cuando llegaba ese momento, él se hacía el digno y la víctima y acababa por salirse de su casa con el pretexto de que allí era imposible vivir en paz y volvía a la mañana siguiente. Esta escena se repetía cada vez con más frecuencia hasta que Isabel se dio cuenta del juego, pero no sabía o no podía hacer nada al respecto más que ir a la despensa y abrir una caja de galletas que se terminaba completita sin siquiera darse cuenta. No las disfrutaba, sólo lloraba y se sentía culpable por no darle satisfacción a su esposo.

Cuando los meses pasaron, Isabel supo que las salidas de su esposo de la casa, tenían una razón muy diferente de la que él decía: la relación que él tenía con otra mujer. En lugar de enfrentar la verdad, Isabel se compadecía de sí misma, no hacía nada más que llenarse de galletas y de comida en proporciones cada vez mayores.

La autoestima de Isabel iba disminuyendo, no sólo por la infidelidad de su esposo, sino porque el espejo le devolvía cada mañana una figura deforme y nada atractiva. Cuanto peor estaba y más devaluada se sentía Isabel más comía, más engordaba y el círculo vicioso parecía irrompible.

Cuando la situación se volvió intolerable y alarmante para Isabel, por la actitud cada día más descarada del esposo, y puesto que él ni siquiera se le acercaba, con el pretexto de que estaba gorda, ella decidió enfrentar la situación con su marido. Sabía que se jugaba su vida futura pero se decidió, con la ayuda de Dios, a terminar este juego que no la conducía sino a una destrucción total de su persona que ya empezaba a repercutir en su salud.

El resultado no fue fácil, ya que el marido estaba demasiado involucrado en la relación con la otra persona y ella lo amenazaba con hacer un escándalo en su trabajo y con sus hijos.

El esposo sabía que su mujer era la persona indicada para hablar con los hijos y se lo pidió.

Isabel entendía que la causa de todo no era que ella estuviera gorda o flaca, pero decidió darse la oportunidad de sanar y sentirse bien con ella misma. Entró en una terapia de oración y cuando se sintió fuerte, empezó un régimen sano de alimentación que le devolvió su figura y le devolvió su autoestima. Supo lo que ella valía como persona y no le dio a su esposo el derecho de ser el que la validara y la considerara valiosa o no valiosa.

Muchos años después de la separación. Isabel es una persona que trabaja con mucha alegría y confianza en sí misma y no ha vuelto a recurrir a la comida como una manera de anestesiar su dolor, su ansiedad o su miedo.

El caso de Leticia

Leticia fue una niña muy simpática y servicial y en el colegio tenía muchas amigas. La educación en la familia era más bien rígida y el carácter de la mamá era muy cambiante; el esposo y los hijos nunca sabían qué esperar de ella.

Cuando Leticia llegó a la adolescencia, los cambios constantes de humor en su mamá le afectaron tanto que empezó a tener problemas en la escuela y con sus amigas. Para estudiar tenía que hacer verdaderos esfuerzos ya que no podía concentrarse y comenzó a tener muy malas calificaciones. Leticia decidió hacerle frente al problema de la escuela, canceló todos sus compromisos, no contestó llamadas mientras estudiaba y comenzó a hacer un rito de sus estudios.

Después de comer se encerraba en su cuarto y preparaba todo lo que iba a necesitar: libros, cuadernos, plumas, lápices, etcétera, pero lo que jamás faltaba eran las bolsitas de papas fritas, los refrescos y los chocolates.

Antes de abrir el libro ya había ingerido al menos una bolsita de papas. Toda su quincena la usaba para comprar esos artículos necesarios para estudiar y concentrarse y no compraba ninguna otra cosa.

Sin darse cuenta empezó a engordar y llegó el momento en que ya tenía tantos kilos encima que ninguna ropa le entraba. Para presionarla, su mamá le quitó el dinero que le daba y la amenazó con no comprarle ropa hasta que bajara de talla.

Esto puso aún más nerviosa a Leticia y por lo mismo más hambrienta. Los apodos que le ponían en la escuela, señalando lo gorda que se había puesto, la hacían sentirse tan mal que empezó a rehuir a la gente y se centró más en sí misma y en su problema. Ahora, además del problema de calificaciones, tenía el del exceso de peso.

El estado de alteración en que estaba ahora Leticia, no era para nada el más adecuado para seguir una dieta y olvidarse de los sustitutos que empleaba, según ella, para no tomar en cuenta los problemas de los estudios.

Las pocas veces que estaba firmemente convencida de seguir una dieta, no llegaba ni a la mitad del camino cuando se desesperaba y volvía a llenar los cajones de dulces y pan. Lo peor de todo era que para que ya no la molestaran con su gordura, escondía los dulces en los cajones y en los lugares más raros; entre el colchón y el *box spring*, adentro de los zapatos, atrás de las cortinas, en la jabonera y en las bolsas de los vestidos que estaban colgados en el clóset. El juego del escondite y el engaño a sí misma y a los demás estaba ya presente y se había convertido en una verdadera obsesión para ella, mientras que el problema de la gordura había pasado a segundo término y por supuesto, cuando se le hablaba de ello, se enojaba y hacía tanto drama que su familia la trataba ya con lástima y como un caso perdido.

Todos estaban cansados de suprimir de su alimentación todo aquello que pudiera ser una tentación para Leticia; pero ahora veían que su esfuerzo era inútil, porque ellos se estaban privando de lo que les gustaba, mientras ella los engañaba escondiendo y comprando especialmente todo aquello que más la podía perjudicar.

Cuando la chica llegó al Centro de Oración, venía con más de 35 kilos de sobrepeso y con desesperación nos dijo que se daba por vencida, ya que para ella la comida se había convertido en una obsesión y todas sus energías se concentraban en satisfacerla.

Al orar por ella, supimos que cuando no sabía cómo manejar la conducta impredecible de la mamá, lo que hacía era ir a la cocina o a la tienda y comprar chocolates o galletas y ya en su cuarto ahogaba su ansiedad comiendo.

Le pedimos a Jesús que en los momentos que sentía la ansiedad y la calmaba comiendo, la acompañara y la ayudara a ponerle nombre a sus sentimientos y a expresarlos delante de Él. Cuando lo logró, empezó a disminuir su compulsión a comer y a bajar lentamente de peso. Durante seis meses lo único que hacía era compartir su ansiedad con Jesús y expresarle sus sentimientos. Poco a poco la ansiedad fue desapareciendo y ella empezó a relacionarse de nuevo con sus amigas y empezó a desear volver a ser lo que era, bajar de peso y ser una adolescente normal. Fue adquiriendo seguridad al sentirse entendida y amada por Jesús, y al mismo tiempo su autoestima aumentó y le dio la capacidad de iniciar una manera sana de comer sin dietas exageradas que lo único que lograban era que se desesperara y cayera en la compulsión cada vez de una manera más fuerte.

Oración

Jesús, hoy no puedo negar que tengo un problema y que hasta ahora no lo había querido ver. Sé que hay mucho dolor adentro de mí y mucha inseguridad; tengo miedo de conocer todo lo que he ido escondiendo y tapando con la comida. Muchas veces siento que me odio al contemplar mi figura obesa, o cuando vomito para evitar que mi comer excesivo me engorde o cuando dejo de comer, tratando de destruirme porque la verdad es que tengo tanto enojo que eso es lo que quiero inconscientemente: destruirme.

No sé, Señor, si el tocar y conocer los sentimientos que he ido reprimiendo puede ayudarme a enfrentar mi verdad, pero no puedo más, necesito encontrar la herida que me obliga a hacer lo que estoy haciendo.

Creo que si veo la verdad, porque otro me confronte o porque yo misma la descubra, mi mundo entero se desmoronaría y todos los mecanismos de defensa que día a día he ido construyendo no podrán sostenerme por más tiempo.

Sólo Tú, Jesús, puedes llevarme al fondo de mí misma y con ternura, misericordia y amor puedes mostrarme la verdad y tomada de Tu mano amiga tendré la fuerza para verla y enfrentarla. Estoy segura de que no es tan horrible como siempre he creído y que vista a la luz de Tu Amor podré revivir y resistir los momentos de dolor que marcaron mi vida. Dame, Señor, Tu Fuerza, sana la herida que fue la raíz donde comenzó mi desorden con la comida.

Mira con compasión mi conducta compulsiva y permite que me contemple como Tú me miras y enséñame a amarme como Tú me amas.

Así sea.

Azúcar y chocolate

Una vez oímos en una conferencia que un chocolate libera la misma cantidad de endorfinas que un beso apasionado. Nunca hemos podido saber qué tan cierto es esto, o si está comprobado científicamente, pero lo que es verdad es que el azúcar y el chocolate son usados como compensaciones de algo que nos molesta o como enérgeticos instantáneos, además del placer que producen al ingerirlos.

Muchas personas ingieren dulces y chocolates cuando se sienten ansiosas y esto las hace sentir bien de alguna manera y sin darse cuenta se relaciona el comer dulce o chocolate con una sensación placentera. Además, podemos ver que casi nunca se toma un chocolate, en general se siente la necesidad de comer varios y se toman uno tras otro sin darse ni cuenta.

Los casos de Ricardo y de Maricela

Ricardo era un niño hiperkinético, no podía estarse quieto ni un solo momento y sus papás lo habían acostumbrado a que se portara bien mediante la promesa de un terrón de azúcar. Con su inquietud eran innumerables los terrones que el niño ingería en una hora esperando al doctor o en una visita.

Cuando vino a la escuela el niño realmente sentía en su cuerpo la necesidad de esa cantidad de azúcar. Se le hicieron muchas pruebas para ver su nivel de azúcar pues bien podía tratarse de un caso de hipoglucemia o de diabetes incipiente.

Los análisis mostraron que no tenía ninguna base física que demandara esa cantidad de azúcar y se les pidió a los papás que no lo siguieran condicionando con terrones de azúcar.

Fue imposible suspenderle los terrones hasta que se tomó la decisión de someterlo a una abstención total en casa y en la escuela. Los síntomas fueron tremendos, su comportamiento era semejante al de cualquier drogadicto desesperado por la falta de la sustancia. Hubo que controlarlo físicamente en ocasiones, para que no se lastimara por la desesperación que sentía. Ricardo tenía nueve años y había estado tomando terrones de azúcar por tres años. Tuvimos que aplicar casi tres meses de abstención total para que el niño dejara de tener esas crisis de ansiedad ante la suspensión del azúcar.

Han pasado cuatro años y Ricardo jamás volvió a necesitar el azúcar para poder portarse bien. Por el contrario, se notó un cambio significativo cuando dejó de tomarla, ya que el azúcar tan refinada causa muchos problemas de falta de atención y concentración en los niños y las cantidades que él había estado tomando eran muy grandes a lo largo del día.

Pudimos entonces tener la certeza de que se trataba de una

adicción formada en su organismo a través del condicionamiento del azúcar como premio.

Maricela, una amiga nuestra nos contaba cómo se formó en ella la adicción a los chocolates, refiriéndonos que cuando era chica y llegaba de la escuela, le contaba a su abuelita lo que había pasado en la escuela durante el día y cada vez que había tenido algún problema con la maestra o con las compañeras, su abuelita le decía: "No te preocupes mi hijita, no le des importancia a eso, olvídalo y tómate un chocolatito".

Cada día eran más los problemas en la escuela o los problemas con su mamá o sus hermanos y siempre se consolaba tomando un chocolatito. Cuando se dio cuenta, ya ni siquiera iba a ver a la abuelita para contarle sus problemas y sentir el alivio de compartirlos, sino que se dio cuenta de que lo único que le importaba era el chocolatito. Esto duró por años y hasta hace muy poco tiempo se dio cuenta del apego desmedido y la debilidad de su voluntad cuando se quería privar de tomar un chocolate. Era algo verdaderamente imposible para ella. Se había convertido ya en una adicción.

Oración

Jesús, hasta hoy no me había dado cuenta de que había buscado a través del azúcar o del chocolate esa sensación interior de calmar el vacío que siento por la falta de aprobación de los demás. No quiero depender de mi adicción para sentirme bien; quiero depender de Ti y de la seguridad de Tu amor por mí.

Tú me amas y me apruebas sin condición, ayúdame a que lo que entiendo intelectualmente lo sienta en el corazón para que nunca más dependa de algo externo e insignificante como un chocolate o un dulce.

Gracias, Jesús.

Adicciones de proceso

En las adicciones de proceso la persona queda atrapada en el proceso mismo, obligada a una serie de acciones o interacciones específicas. Cualquier proceso de la vida humana puede convertirse en adictivo.

Estos procesos son formas enfermas y destructivas de adaptarse al mundo. Nos conducen a percepciones, pensamientos y conductas que inhiben el crecimiento y detienen el avance para lograr la madurez del individuo. Al principio, estos procesos pueden parecer normales y hasta placenteros o satisfactorios, pero al convertirse en adictivos dejan de cumplir su propósito. Nuestro gozo en el trabajo se convierte en trabajo compulsivo. Hacemos dinero, no para satisfacer nuestras necesidades, sino porque nos sentimos forzados por una compulsión a lograr tener cada día más y más dinero, o más y más logros.

Adicciones emocionales

Muchos procesos adictivos tienen relación directa con nuestras emociones y sentimientos. Ciertas expresiones de los sentimientos pueden parecernos un poco exageradas; sin embargo, hay situaciones en las que la falta de libertad para controlar esos procesos, la esclavitud con que se repiten una y otra vez, la compulsión a ellos, los va convirtiendo poco a poco en verdaderas adicciones.

Adicción al enojo

Las personas lo buscan constantemente, y cada vez necesitan enojarse más y más. Cualquier motivo, externo o interno es suficiente para lograr el estado de excitación en que la persona necesita estar para no darse cuenta de lo que verdaderamente siente, además del enojo.

Como el enojo hace reaccionar a otros, es un estímulo para el adicto. Al principio el enojo lo causan cosas reales como no conseguir lo que se desea, tener que reprimir las emociones, ser privado de los derechos que a cada quien corresponden, etcétera; pero cuando se convierte en adicción la sola sensación interna es suficiente.

Por supuesto, como con cualquier tipo de adicción, cada vez se necesita llegar al estado de ánimo que se desea más seguido y con mayor intensidad.

Las personas que tienen esta adicción no se permiten momentos plácidos y agradables sino que buscan cualquier pretexto para que su enojo se desencadene y al crear el caos a su alrededor consiguen tener un clímax en su estado de ánimo.

El caso de Francisco

Francisco fue el hijo de un padre autoritario y estricto. De niño no se le permitió expresar ninguna opinión. Fue maltratado física y verbalmente. Cuando lo castigaban o reprendían lo obligaban a dar las gracias y jamás le permitieron explicarse o justificarse, lo que le causaba un enojo profundo; solamente se daba el gusto de patear su cama o algún objeto que estaba a su alcance cuando lo enviaban castigado a su recámara.

El enojo que sentía por la injusticia con que era tratado, se fue convirtiendo en ira y odio hacia su padre y hacia su madre quien nunca se atrevía a intervenir para detener el abuso de su esposo hacia su hijo. Muchas veces se repitió Francisco a sí mismo: "Jamás seré como mi padre de injusto y arbitrario y algún día le haré pagar todo lo que me ha hecho".

Cuando Francisco creció, se alejo de su papá, cambió de ciudad y buscó un trabajo que fuera tan exigente que se convirtió en el pretexto perfecto para no visitar a su familia.

Lo peor de todo fue que la primera parte de su juramento no pudo cumplirla: "Jamás seré como mi padre", pues al casarse y formar una familia, todo el enojo que no pudo expresar con su papá salía a borbotones con su esposa y sus hijos.

Al principio sintió tanta liberación al poder desahogar su enojo que pronto empezó a provocar a propósito situaciones en que pudiera enojarse. La experiencia emocional y física de gritar, golpear, exigir, lastimar e insultar se convirtió en un placer y después en una obsesión.

Oración

Jesús, sé en mi mente que personas inocentes se han convertido en víctimas de mi enojo. Acepto que todo el enojo que acumulé durante años sale a diestra y siniestra y que ya no sé vivir sin él, pero creo que eres Tú el único que puede recibir mi enojo y devolverme la paz. Estoy seguro de que a Ti no te lastima y que comprendes el por qué de él.

Hoy me percato de que estoy destilando mucho más enojo que el que antes reprimí y me doy cuenta que esto sucede porque ya me he convertido en un adicto a él. Déjame expresarte el verdadero enojo a Ti y hazme ver cuándo está actuando mi adicción.

Serena mi interior y enséñame a disfrutar la vida, separando mi enojo de ella. Sólo Tú, Señor, puedes transformar mi enojo en energía creativa y en capacidad de gozar todo lo que tengo y a todos los que amo.

Amén.

Alegría

Cuántas personas necesitan esa alegría y persiguen la manera de desconectarse de sus verdaderos sentimientos de tristeza, soledad, depresión, etcétera. Buscan lo inimaginable para que les produzca esa sensación de excitación que sólo produce la adicción. No importa la verdad de lo que ocurra en su vida, tienen que estar alegres.

La mayoría de las veces logran su objetivo por muchos años, pero al llegar la madurez, todo lo que han ido guardando sale a flote y los sentimientos enterrados se rebelan a esa represión y aparecen sin control en forma de explosión o de depresión.

Cuántas veces hemos visto y oído a personas que sufren de depresión y su vida parecía sonreírles sólo unos cuantos meses antes y no entendemos qué pasa, si exteriormente su vida parece ser la misma y la persona se hunde sin razón aparente.

Conocemos muchos casos de estos y nos da miedo pensar qué puede suceder cuando los sentimientos reprimidos durante años afloren sin control. Tal parece que estas personas protagonizaran a la alegría misma, esa alegría perpetua que en realidad es una máscara que la persona va formando y que se va haciendo tan parte de ella que se convence de que todo está bien en su vida y que no hay nada por qué sufrir.

Todo el mundo desea estar con una persona alegre y la aceptación de los demás sigue alimentando esa adicción a la alegría. La búsqueda del amor y de la aceptación encuentra en esta adicción a los más vulnerables, puesto que su necesidad es tan grande que niega los verdaderos sentimientos de inseguridad y miedo al rechazo y la cara que el público ve es la de la alegría y el gozo perfectos. Es muy difícil de quitar porque se nos ha enseñado que el cristiano debe ser alegre.

Oración

Señor, no sé de dónde me viene esta necesidad de estar siempre alegre y de buscar obsesivamente lugares, personas y expresiones que incrementen esa sensación de alegría.

No soporto nada que me pueda quitar la alegría, no quiero

aceptar la realidad de que el dolor existe porque sé que me quebraría, que no podría enfrentarlo.

Buscar la alegría se ha convertido en mí en una adicción que no me permitiría vivir en la verdad. Sé que sólo la verdad me puede hacer libre.

Dame la fuerza para enfrentar Contigo la realidad y la verdad.

Entonces podrás mostrarme en qué consiste la verdadera alegría y el gozo que pueden existir en medio del dolor.

Gracias.

Culpa

La adicción a culparse o a culpar, se puede percibir en el exceso de recriminaciones y culpas que la persona echa sobre sí por cualquier motivo, o bien cuando no puede dejar de culpar a los demás por todo lo que suceda en su vida o en la de los otros. Todo esto está fuera de control, convirtiéndose en el centro de la vida de la persona y aumentando cada día más.

Muchas veces la culpa entra en la persona desde que es concebida o cuando nace del sexo contrario al que sus padres deseaban, o cuando durante el embarazo peligró la salud de la madre. El caso es que pareciera como que la persona atrapa las culpas con cualquier pretexto.

Atrapar las culpas se convierte en algo fundamental en la vida y no se puede vivir sin hacerlo.

El caso de Marcela

Marcela nació como fruto del cuarto embarazo de su madre. Del primer embarazo nació una niña, después su madre perdió dos bebés antes de que Marcela naciera. Cuando ella nació, la madre creyó que sería el último embarazo y deseaba que fuera hombrecito.

La niña siempre sintió culpa por haber vivido ella y no sus

hermanos anteriores. Esta culpa inconsciente, hizo estragos en la vida de Marcela, ya que estaba aposentada en el centro mismo de su ser y manejaba su vida. Cuando vino a pedir oración salió esa primera herida de su vida y a pesar de que la herida ya había sido sanada, no lograba liberarse de la culpa puesto que ya se había convertido en adicción, no sabía vivir de otra manera. Hubo que orar varias veces por ella para que se decidiera a seguir un proceso de recuperación de esa adicción.

Oración

Jesús, mi adicción a culparme de todo ha llegado a tal extremo que no sé vivir sin ella.

Renuncio a ser culpable siempre y a castigarme constantemente no permitiéndome ser feliz; creyendo que sólo los demás merecen serlo, y que yo soy una persona tan indigna que me corresponde atrapar todo lo malo que encuentro en mi camino para pagar mis culpas.

Acepto las verdaderas culpas y te las entrego para que me perdones y me transformes.

Libérame también, Señor, de mi adicción a culpar a los demás siempre por todo. No puedo hacer otra cosa que culparme constantemente o culpar a los demás. Sólo Tú me puedes salvar de esta compulsión.

Ten misericordia de mí, Señor.

Vergüenza, tristeza y sufrimiento

El doctor Robert A. Becker escribió un libro llamado *Adictos al sufrimiento*, en el que describe esta necesidad incontrolable de sufrir, de estar triste, avergonzado, de sentirse mal por todo y de todo. Nada es suficiente para sacar a la persona de esa sensación de ser siempre la víctima.

Esta adicción es más común de lo que se piensa y casi nadie se salva de encontrar a alguien así. Al principio nos compadecemos de ellas, pero acabamos por darles la vuelta, porque tienen la característica de entristecer no sólo las alegrías de ellos sino las de todo mundo.

Aquellas adictas a la vergüenza, no saben alegrarse ni cuando reciben un regalo, porque se sienten indignos de él y parece que les damos cuerda cuando les mostramos cariño e interés: "Ay, que pena, no te hubieras molestado, no lo merezco", etcétera.

Las personas adictas a la tristeza y al sufrimiento rechazan todo aquello que les pueda traer alegría; tal parece que rehuyen la felicidad. Llaman la atención y la compasión de otros, relatando sus tristezas o simplemente poniendo la cara como la máscara del drama. Cuando no hallan ningún pretexto que las entristezca, lo inventan, pero jamás darán el aspecto de que les va bien o que tienen por qué alegrarse.

Lo peor de todo es que la mayoría de los que tienen esta adicción ya tienen sus vidas resueltas o quizá lo necesario para considerarse afortunadas, pero se agarran a alguna experiencia negativa en su vida y la compasión que ella despertó en los demás les dio la emoción que quieren y necesitan repetir esa sensación que, como toda adicción, requiere cada vez más estímulo y repetición.

Lo más peligroso es que el adicto se va convenciendo a sí mismo de que no vale, de que la tristeza y el sufrimiento son las características de sus vidas y su única forma de vivir.

Oración

¿Qué me pasa Señor, que no puedo gozar la alegría de una puesta de sol, la sonrisa de un niño o simplemente gozar cada mañana que amanezco con vida. Que hay personas que me aman y que Tú eres un Dios fiel?

¿Cuál es la razón por la que no puedo permitirme ser feliz y amarme?

¿Por qué no me amo, por qué me avergüenzo de mí, por qué

me siento atraído por la tristeza y por qué creo que sólo merezco sufrir y que ese es mi destino?

Ayúdame, Señor, a aprender a amarme y a pensar que puedo ser feliz, enséñame a encontrar lo bello de la vida y cuando de verdad el sufrimiento se aparezca en mi vida, dime cómo debo vivirlo.

Amén.

Adicción al caos, al estrés

Nuestro cuerpo está equipado biológicamente para responder a las situaciones de emergencia, de crisis, de tensión. Nuestro ser físico suelta sustancias que nos alertan y cambian nuestro estado de ánimo a una situación de hipervigilancia.

Entre esas sustancias está la adrenalina, la noradrenalina y otros químicos importantes para responder a situaciones de estrés.

El cuerpo está acostumbrado a un nivel bajo de otras sustancias químicas en circulación con arribo de cantidades mayores cuando se presenta una crisis. Los momentos de estrés son generalmente cortos y las respuestas del cerebro se acoplan rápidamente. Lo que sucede es que ahora las personas viven en estrés tiempos más largos y se habitúan a ello. El cuerpo produce de nuevo químicos para lidiar con ese exceso de tensión. El cuerpo se adapta. Si el estrés continúa, el cuerpo se ajusta a cantidades mayores de químicos naturales.

Cuando la persona quiere bajar su nivel de tensión decide tomarse unas vacaciones, el estrés disminuye externamente y esto hace que se generen menos químicos internos. Pero el cerebro necesita las cantidades habituales de esos químicos internos y la persona aumenta su ansiedad. Busca algo qué hacer, y no puede descansar. Empieza a tener síntomas de abstención, fatiga extrema y falta de sueño.

Resulta paradójico que el adicto severo se encuentra fatigado, pero cuando quiere descansar, aumenta su intranquilidad y su nerviosismo.

Le es muy difícil meditar, orar; entra en una verdadera batalla espiritual. No podemos escuchar a Dios, no queremos saber lo que nos pasa por dentro y sólo encontramos como salida tomar pastillas para calmar la ansiedad y empezar a crear otra adicción, o bien crear nuevas crisis y tensiones a nuestro alrededor para lograr que nuestro cuerpo genere los químicos naturales que nuestra adicción al estrés necesita.

Aunque esto parece simple y sin importancia, cada día cobra más víctimas este tipo de adicción. Personas que crean el caos o el estrés por medio del juego, arriesgan constantemente en la bolsa de valores, piden dinero prestado cuando no tienen con qué pagarlo y la ansiedad que se genera por esta razón, crea suficiente descarga de adrenalina para perpetuar la adicción.

Otra manera de lograr los mismos resultados es la de aceptar contratos para realizar construcciones con presupuestos inferiores a la realidad de los costos; aceptar entregar mercancías que obligan a las personas a trabajar contra reloj para aumentar la tensión; mentir en las aduanas para correr el riesgo de ser descubiertos, en fin, toda una serie de mecanismos que la mente inventa con el fin de crear crisis y recibir las descargas adicionales de químicos naturales que el cuerpo exige para alimentar la adicción. El cuerpo se agota, al mismo tiempo, no puede descansar y si la adicción no se detiene conduce a la muerte.

Oración

Dios mío, he descubierto que mi forma de vivir, necesita de estímulos anormales y que no puedo desenvolverme en forma normal y pacífica.

He ido creando el caos en mi vida, por una necesidad

enfermiza. Mi cuerpo necesita producir el estrés y vivir en estado de alerta.

Hoy te pido perdón por lo que le he hecho a mi cuerpo y por el daño que mi necesidad ha causado a los demás.

Hasta hoy soy consciente que yo y mis necesidades han estado en un lugar preponderante y para satisfacerme he olvidado a los demás, envolviéndolos en mi propia necesidad de vivir en el estrés.

Me arrepiento de no haber podido disfrutar de los momentos de paz y tranquilidad y de haberlos hecho a un lado con desprecio. Acepto que sin estar consciente todos esos momentos los he borrado de mi vida y en su lugar provoqué lo necesario para vivir en el estrés y en el caos.

Necesito Tu ayuda y la gracia de enseñarme a disfrutar de momentos de calma y tranquilidad.

Amén.

Adicción a las catarsis

La catarsis es el desahogo de los problemas de la persona ante otras personas y va acompañado de la descarga emocional. Este desahogo produce una sensación de alivio inmediato.

Cuando la persona se siente bien, después de esto, quiere repetir la experiencia hasta que esa descarga emocional se hace un hábito y luego una adicción.

Para aumentar el efecto liberador, en muchas ocasiones la persona altera o exagera los hechos para facilitar la descarga emocional y la sensación de alivio y excitación al mismo tiempo. Poco a poco la persona elige cualquier situación, adecuada o inadecuada, para efectuar esa catarsis y cada vez la adicción se hace más fuerte. Nadie le dice nada, nadie la enfrenta porque el adicto los envuelve en el sentimiento de compasión que intenta producir.

Es increíble, cómo cosas tan reconfortantes pueden, por el abuso, llevarnos a la esclavitud.

El caso de Amanda

Amanda es madre de cinco hijos; el mayor de veintidós años y el menor de catorce. Su esposo es un hombre indiferente para las cosas familiares; casi siempre está ausente de casa y su vida son los amigos, el negocio y los deportes.

Amanda se siente solitaria e incomprendida. Pocas veces el marido la oye y cuando lo hace, minimiza los sentimientos de ella, al grado que Amanda se ha acostumbrado a hablar con él de lo que a él le interesa.

La primera vez que ella experimentó la catarsis se sintió aliviada, no sólo por todo lo que echó fuera sino por la reacción de los que la escucharon. Por primera ocasión se sintió el centro de la atención de todos, se sintió importante y encontró la forma de atraer las miradas hacia ella.

La experiencia que tuvo fue lo suficientemente fuerte como para desear repetirla y eso fue lo que la hizo convertirla en una necesidad, al principio sólo lo hacía en su terapia, pero poco a poco fue ampliando su círculo de oyentes, desde sus hijos hasta grupos de amistades, los cuales oyeron su historia cada vez ampliada, exagerada y con mentiras para acrecentar la emoción. Llegó el momento que en algunos lugares la rechazaban y se veía obligada a buscar nuevos amigos que aún no la hubieran oído.

Ya no se fijaba en lo que decía; vivía pendiente de detalles para aumentar lo que pudiera provocar la catarsis y entretejía problemas con una salida que le conviniera.

Su marido y sus hijos fueron muy lastimados por sus indiscreciones y exageraciones, pero al final, todos la dejaban por cansancio o porque se daban cuenta de su enfermedad, con la cual Amanda parecía estar muy contenta a pesar de que le provocó el rechazo de todos y consecuentemente mucha soledad.

Oración

Dios mío, con tal de sentir la emoción de la catarsis, he arrastrado a mi esposo y a mis hijos de una manera horrible e injusta. Me doy cuenta de que la liberación que experimento con la catarsis me ha vuelto adicta y he destruido con mis palabras a los que amo.

Me he descubierto buscando a todo costa algo que me haga llegar a la catarsis en una forma compulsiva. Ya ni siquiera me fijo con quién lo hago y eso ha causado mucho daño a los míos.

Ayúdame a pedirles perdón y a reparar lo que he hecho y libérame de esta adicción que me ha centrado en mí misma y enséñame a platicarte lo que siento de una forma clara y precisa, sin la necesidad de buscar quién me oiga y la compulsión de buscar una liberación exagerada de mis cargas emocionales.

Amén.

Adicción a las relaciones

Esta adicción a las relaciones ha sido ampliamente tratado en nuestro libro *Quiero ser libre*. Sin embargo vamos a añadir varios conceptos.

Esta manera equivocada de relacionarnos con las personas y de no poder romper la relación recibe el nombre de *codependencia*. Robin Norwood en su libro *Las mujeres que aman demasiado* dice:

Las mujeres usamos las relaciones de la misma manera que se usan las sustancias químicas: para quitarnos el dolor. Mientras sigamos escapando de nosotras mismas y evitando el dolor, seguiremos enfermas. Mientras más tratemos y más escapes elijamos, más nos enfermaremos porque combinaremos las adicciones con las obsesiones.

Sharon D. Weigscheider-Cruse define la codependencia como: "una adicción a otra u otras personas y a sus problemas, o a una relación y sus problemas".

La codependencia está siendo reconocida por algunas compañías de seguros como una enfermedad primaria que tiene un determinado curso y un fin predecible. En los últimos años se ha descubierto que no basta tratar al adicto, sino que debe tratarse el sistema familiar. La codependencia está sostenida e impulsada por nuestra cultura.

La relación funciona como una adicción y se espera que llene las necesidades de las personas involucradas. Cuando la relación se termina la persona busca enseguida otra con quién relacionarse de la misma manera. Al hacer esto, evitan entrar en el penoso, pero sanador, proceso de luto, de duelo, que acompaña siempre el fin de una relación. La nueva relación tiene poca oportunidad de subsistir, porque el duelo se lleva internamente y casi siempre de manera inconsciente.

Los codependientes poseen las características de los adictos y muchas veces manifiestan además otras adicciones. Usan sustancias, a veces tienen problemas graves de obesidad, fuman en exceso o trabajan en demasía.

La relación adictiva es una relación hijo-padre permanente. No subsiste si uno de los dos madura y toma la responsabilidad de sí mismo. La relación siente la amenaza cuando uno de los dos crece o cambia.

De acuerdo con Alcohólicos Anónimos tanto la adicción como la recuperación son procesos; no se puede permanecer estáticos: o se mejora o se empeora.

Mil veces se mantiene la ilusión de una seguridad aunque casi siempre es obvio que la relación se está deteriorando.

Se mantienen constantes expectativas de que la otra persona cambie, de que algo suceda, y mágicamente todo vuelva a ser como antes.

Lo que no percibimos es la forma en que nuestra sociedad

propicia y alimenta este tipo de relaciones adictivas. Si prendemos el radio cualquier día para escuchar la música de moda, si ponemos atención a la letra de las canciones, quedaríamos sorprendidos de la forma en que nuestro cerebro es bombardeado con mensajes distintos recibidos a través de la música y mucho más poderosos que los de la palabra hablada.

Entre los mensajes que recibimos está una aclamación al amor instantáneo, a la relación sexual sin compromiso, al sufrimiento en la relación, a la dependencia en esa relación. Nos condiciona a aceptar el amor adictivo en lugar del amor verdadero, amor, resultado de una verdadera coparticipación positiva. Y ese es el menaje que los jóvenes reciben, cantan y por consiguiente llevan a la práctica; amor que los lleva a no saber quiénes son si el otro no los ama. La alegría de la vida, la felicidad y la salud de la persona dependen de otra. No es de extrañar entonces la incidencia cada vez mayor de depresión y de falta de identidad en los jóvenes. Necesitan de otro que les diga que valen o no valen. En el fondo no saben quiénes son, no tienen una autoestima verdadera.

En *Woman's Reality*, Anne Wilson Shaef habla de lo que el mundo considera como matrimonio perfecto: es aquel que tiene dos caras: en público la mujer es la niña y el hombre es el adulto. El hombre toma las decisiones, lidia con el mundo externo, gana el dinero y decide cómo se gasta.

La mujer depende del hombre, este provee la forma de vivir, hace que el coche camine. Ella no vive sin el hombre, le es esencial para sobrevivir.

En lo privado los roles se cambian. El hombre es el niño y la mujer es el adulto. Ella prepara la comida y la sirve, revisa lo que usa para vestirse, llena sus necesidades sexuales, se encarga de las necesidades sociales, lo protege de sus propios hijos cuando él necesita silencio. Él depende física y emocionalmente de ella. Ambos creen que no pueden vivir uno sin el otro. Han alcanzado la seguridad y constancia que necesitaban. Ambos alientan la dependencia del otro por miedo a ser hechos a un lado y abandonados. No actúan independientemente por miedo a destruir la estabilidad de la relación.

La relación adictiva es común en nuestra cultura. Los involucrados sienten que no pueden vivir sin la otra persona. Son como medias personas que tienen que estar juntas para hacer un todo. Desde pequeños hemos llamado a esto amor verdadero. Siempre pensamos en la mujer como condicionada a buscar esas relaciones de dependencia. Nos olvidamos que se requieren dos personas dependientes. Este tipo de relaciones son seductoras, poderosas y difíciles de resistir. Han sido presentadas como el ideal de la relación de una pareja.

Terry Kellog, otro especialista en el campo de las adicciones, habla de cómo las relaciones codependientes van de un extremo a otro. Por un lado está la relación confusa, enmarañada, entremezclada, y por el otro la no-relación, el aislamiento. Se va de un extremo al otro y ambas posiciones son igualmente destructivas. Necesitamos encontrar otra línea que tenga por un lado la intimidad y por el otro lado el desprendimiento. Puedes estar en cualquier punto de esa línea y al mismo tiempo tener las dos cosas, no necesariamente una o la otra.

Como ya vimos en el primer capítulo, la intimidad no implica mantenernos cercanísimos o cara a cara, sino más bien, lado a lado, es decir, compartir valores espirituales, creencias, ver y mirar y disfrutar el mundo que nos rodea. La intimidad no es algo que se logre instantáneamente, se construye con el tiempo y al caminar lado a lado.

Cuando tienes intimidad verdadera puedes estar lejos físicamente y sin embargo no sentirte aislado. Puedes tener intimidad sin querer controlar y poseer al otro.

Lo que necesitamos es poseernos a nosotros mismos, saber quiénes somos, qué queremos.

Kellog afirma que la codependencia se distingue por la falta de relación con uno mismo, por eso buscamos relacionarnos de una manera enfermiza con los demás. Si no sabemos lo que es relacionarnos con nosotros mismos, ¿cómo vamos a saber lo que es una relación sana con los demás? En el fondo de la codependencia, como en el fondo de todas las adicciones hay un inmenso vacío. Y es este vacío uno de los mayores causantes de suicidios entre los adolescentes. Ese vacío nos impide relacionarnos con nosotros mismos y entonces buscamos llenar ese hueco con conductas adictivas.

El peligro de la adicción está más en el vacío que en las sustancias. Nuestros cuerpos nos ayudan a seleccionar la adicción, pero no nos hacen adictos.

A veces la codependencia se confunde con bondad y cuidado. Olvidarse de uno mismo para cuidar a otros parece espiritual, pero queremos olvidar algo que no hemos conocido y poseído: nosotros mismos.

La codependencia tiene la peculiaridad de tolerar lo intolerable. Recordemos aquí las características de las adicciones, una de las cuales es la tolerancia. Cada vez se tolera más y más. Hemos conocido casos dramáticos de los sufrimientos, humillaciones, degradaciones y ofensas toleradas por mujeres tan enfermas que eran incapaces de usar su juicio para ver que lo que estaban viviendo no era tolerable. Lo mismo sucede a veces a hombres que soportan demasiado.

¿Qué nos impide romper nuestra tolerancia a lo intolerable? Pues otras conductas adictivas que nos anestesian del dolor, de la vergüenza, de la humillación y del miedo.

Recordemos también que los codependientes son los que se sienten responsables de otros, son sus rescatadores; no es de extrañar, por lo tanto, que las profesiones principalmente elegidas por los codependientes sean las de ayuda a los demás.

Sharon Weigscheider-Cruse dice que en una reciente encuesta se encontró que un 83 por ciento de las enfermeras son las primeras hijas de alcohólicos. Antes cuidaron de sus padres y ahora cuidan de otros. Esa es su identidad. Son el sostén de la sociedad; ponen siempre a un lado sus necesidades propias, físicas, emocionales y espirituales. Estas personas padecen muchas enfermedades como úlceras, colitis, presión alta, dolores de espalda, artritis reumatoide y tienen alto riesgo de cáncer.

Suelen tener también problemas de la piel, asma y muchas enfermedades más que casi nunca se atienden por dedicarse a los demás.

Charles Whitfield dice que la codependencia influye en las comunidades, en los negocios y en otras instituciones, así como en los estados y países.

Al mismo tiempo, como dice Terry Kellog, la codependencia es el reflejo de un quiebre espiritual. Y, ¿quiénes van a sufrir ese quiebre? Los que no saben quiénes son, no se aceptan ni sienten gratitud por lo que son.

Al hablar de un quiebre espiritual, nos referimos al hecho de haber perdido el sentido y el significado de la vida.

La espiritualidad tiene como base la posibilidad en cada ser humano de llegar a ser lo que el Creador quiso que fuese. Es nosotros llegando a ser nosotros. Soy yo abrazando a mi ser, aceptándolo, y dando gracias por lo que soy.

¿Qué sucede cuando no sé quién soy, de dónde vengo y a dónde voy? No tengo espiritualidad, no la he encontrado y ese hueco tiene que ser llenado con algo y lo lleno con lo que tengo a la mano.

Los síntomas de la falta de relación conmigo mismo son los siguientes:

1. Relaciones enmarañadas y entremezcladas.
2. Molestias físicas.
3. Culpa.

4. Vergüenza.
5. Búsqueda de validación externa.
6. Cuidado excesivo de otros.
7. Sentimiento de víctima.
8. Cooperación en las adicciones de otros.
9. Me vuelvo agresivo, ofensivo, controlador y victimario.

El caso de Matilde

Matilde está casada con un alcohólico y tiene tres hijos. Al principio de su matrimonio todo parecía ir bien. Ella era hija de un matrimonio muy rígido en donde los secretos familiares eran escondidos y no se hablaba de ellos. Los papás habían inculcado normas tales como la de que los niños no podían hablar hasta que los adultos les dieran permiso; no hablen de los problemas de familia fuera de aquí, etcétera. A pesar de que en público su familia era un ejemplo, cada miembro de ella se sentía aislado y jamás hablaban de sus sentimientos.

Cuando Matilde notó que su esposo empezaba a cambiar, se volvió malhumorado, muy impaciente y constantemente se fijaba en los detalles negativos que encontraba al llegar a casa; cualquier falla que descubría la hacía explotar y tener un pretexto para desahogar su enojo, dedicaba todas sus energías a tratar de evitar que hubiera detalles que le sirvieran a su esposo de ocasión para echar sobre ella su agresividad. Por más atenta y cuidadosa que fuera, nada resultaba y su esposo estaba cada día más lejos de ser el hombre con el cual se había casado.

Su hogar se había vuelto un caos. El esposo, agresivo e intolerante; ella, presionada por él descargaba su tensión, regañando a sus hijos y echando sobre ellos toda su frustración.

Un día Matilde descubrió que la agresividad de su marido coincidía con signos de que había bebido en exceso, y se dedicó entonces a observar todas sus reacciones. Llegó el día en que dentro de su corazón aceptó que el problema de su esposo era el alcoholismo e intentó ayudarle pero todos sus esfuerzos resultaron contraproducentes. Cualquier mención de la enfermedad a su esposo lo enfurecía, lo negaba, la llamaba loca y la insultaba. Al principio, la agresión fue puramente verbal, pero aumentó paulatinamente hasta llegar a golpearla tan seriamente que una vez terminó en el hospital y para no confesar la verdad, le dijo al médico que la atendió en la sección de emergencias, que la había golpeado un coche.

No sabía qué hacer, no se atrevía a decirle nada a sus padres, ni a sus suegros, pidió consejo a un sacerdote, quien le aconsejó poner límites y ayudar a su esposo llevándolo a Alcohólicos Anónimos y que ella, por su parte, debía asistir a los grupos de Al-Anón formados por los familiares de alcohólicos en donde enseñan formas sanas de ayudarse y ayudar a la familia en forma positiva, en lugar de tomar actitudes que lejos de ayudar, dan al enfermo pretextos para seguir bebiendo.

En esos grupos aprendió que no debía esconder el problema de su esposo y tratar de controlarlo, sino, por el contrario, dejarlo tocar fondo y hacerse responsable de sus conductas y de las consecuencias de esas conductas. Por ejemplo: si en una reunión, él bebía más de lo adecuado y peleaba con quien se le pusiera enfrente e insultaba a las señoras presentes, debía dejarlo que lo resolviera como pudiera. Al principio, le fue muy difícil no disculparlo, pero poco a poco se dio cuenta que entre menos interviniera cuando él se ponía impertinente y dejaba que los demás lo confrontaran, la reacción agresiva en contra de ella era menor. Llegó el momento en que él tuvo que aceptar que tenía un serio problema y que necesitaba ayuda.

Oración

Señor, sé que mi vida ha girado alrededor de la de otras personas, que no me he atrevido a ser yo mismo y que he descubierto que no me amo.

Reconozco que he buscado que los demás me valoren y he permitido perder mi propia vida; que mi identidad se ha diluido en la de otros en lugar de buscar que Tú me enseñes quién soy yo y cuánto valgo como persona; que soy hijo tuyo y que Jesús murió para que yo fuera libre.

Quiero ser libre para empezar a amarme, para amar a otros en la libertad y el desprendimiento y, sobre todo, para amarte a Ti.

Libérame, Señor, de mis relaciones enfermizas.

Amén.

Adicciones mentales

Pensamiento obsesivo

Se trata del pensamiento que no se aparta de nuestra mente ni un momento y que en casos extremos nos obliga a aislarnos de los demás para seguir con nuestra obsesión.

No importa cuántos estímulos externos o internos tengamos, todos son desechados para seguir pensando en lo mismo. Muchas veces este pensar obsesivamente en algo no respeta ni las horas de vigilia ni el tiempo de descanso. Pareciera que se duerme las horas indispensables para seguir circulando, pero las horas que dan el descanso mental y físico son interrumpidas por la necesidad de seguir pensando en lo mismo.

Esta adicción convierte a las personas en quisquillosas, pendientes de cada detalle, una especie de disco que se repite una y otra vez sin llegar a una conclusión o solución de lo que se está pensando.

Las personas que padecen esta adicción simulan poner atención a lo que otro dice, pero en realidad están pendientes de cualquier palabra o detalle de la plática, que les permita hablar del asunto que les obsesiona, sin permitir que el interlocutor termine su asunto. Esto poco a poco aleja a los demás de la persona obsesiva y la soledad es su destino, ya que todos le dan la vuelta para impedir dar pie a desencadenar la cinta que expresará de mil maneras el pensamiento obsesivo del adicto.

También crean enojo a su alrededor porque su pensamiento obsesivo no deja que los otros se sientan oídos o aceptados, haciéndolos sentirse rechazados.

El caso de Carla

Carla es una joven de diecinueve años. Durante su adolescencia fue muy popular y aceptada; pero en estos instantes se encuentra aislada y se siente rechazada.

Cuando llegó al Centro de Oración, no se explicaba cuál era la causa de sentirse rechazada por todos sus amigos; al escucharla nos dimos cuenta que tenía un pensamiento obsesivo y cuando quisimos intervenir en su monólogo haciéndole preguntas, parecía que nos había escuchado pero en segundos tergiversaba las cosas y volvía sobre el mismo asunto sin haber contestado la pregunta.

Había convertido su pensamiento en un dios y todo giraba alrededor de ello. Insistimos en preguntar y decirle "no me estás oyendo" y la deteníamos; la interrumpimos tantas veces en un lapso de quince minutos, que ella sola se dio cuenta de lo que estaba sucediendo y de su necesidad de entrar en un proceso para averiguar qué había detrás de su adicción.

Al mirar hacia atrás en su vida, se dio cuenta que sus padres a pesar de ser buenos con ella, habían viajado mucho por el trabajo de su papá mientras ella se quedaba sola la mayor parte del tiempo; tenía dos hermanos más chicos que ella con los cuales no podía compartir lo que sentía. Pronto se acostumbró a hablar consigo misma y a no compartir con nadie sus sentimientos. Llenó su vida con monólogos llenos de soledad y abandono, llegando a darle vueltas al mismo pensamiento día tras día. Sólo la llegada de sus padres la interrumpía.

Para Carla, aislarse en sus obsesiones se tornó compulsivo: buscaba la oportunidad de estar sola para ponerse a pensar. Sin darse cuenta, esta obsesión por pensar a solas también la comenzó a tener cuando había más gente a su alrededor; lo que había iniciado consigo misma, lo prolongaba al grado de no ver lo que ocurría en su contorno social, pues ya su mente no tenía lugar para recibir los mensajes externos.

Para Carla fue muy duro tocar la verdad, y darse cuenta de que no tenía ya parámetros para juzgar nada fuera de sí misma y aceptar que eso que había sido un recurso para suavizar su soledad, se había convertido en una razón de vivir y en una forma de ser.

Cuando empezó a tocar sus verdaderos sentimientos tuvo que lidiar con ellos y entregárselos a Jesús, pidiéndole que la acompañara en los momentos en que se había quedado sola y la enseñara a dialogar, primero con Él y poco a poco empezara a sentar las bases de una comunicación con los demás.

Oración

Señor, no sé ni siquiera cómo comunicarme Contigo. Durante tantos años he dialogado sólo conmigo misma y no sé qué decirte, no sé cómo decirte las cosas y cómo escucharte.

Ven y enséñame a acallar mi mente y tratar de oírte a Ti y a otros; ayúdame a concentrarme en lo que otros tienen que decir, quiero aprender a escuchar y a contestar lo que me preguntan y a no buscar formas para que oigan sólo lo que yo digo.

Estoy asustada; quizá al oír a otros me comprometa con ellos. Quiero llenar mi soledad con lo que otros necesitan y dejar de verme gastando toda mi energía en ello. Necesito aprender que hay un mundo fuera de mí que puede ser o no agradable pero que existe y no puedo ignorarlo. Tú que saliste de Ti mismo para darte a otros, sé mi maestro y líbrame del pensamiento obsesivo.

Amén.

Obsesión por los detalles

Hay personas que no pueden hablar de cualquier tema sin perderse en una auténtica obsesión por relatar los detalles, aun los más insignificantes, lo cual provoca que el hilo de la conversación o del tema se pierda. Cuando esta tendencia reúne las características de la adicción, puede considerarse como tal al margen de lo inofensiva que parezca.

Muchas veces nos hemos encontrado personas con esta adicción y aunque no definamos qué es lo que pasa, nos desesperan y ni siquiera oímos lo que relatan, pues nuestra atención está en espera de lo que originalmente querían decir.

El caso de Juan

Juan se enoja mucho porque su jefe le hace cara de impaciencia cuando se dirige a él y ni siquiera nota que esa actitud la toman la mayoría de sus interlocutores; él se siente generalmente rechazado y no sabe por qué .

Las personas no lo rechazan a él, sino a la obsesión que tiene de no ir directo al grano. En una ocasión lo observamos relacionarse con seis personas que fueron sus compañeros de mesa en una fiesta. Las personas que estaban ahí no lo conocían y para empezar una conversación le preguntaron cuál era su profesión. El contestó así:

Bueno, yo... pues fíjense que como vivíamos en la colonia Roma y éramos tantos hermanos, cuatro hombres y tres mujeres, la mayor se casó tan joven que nunca estudió; después seguía un hermano al que siempre le gustó la música, pero tenía tan mal humor que se vivía peleando con todo el mundo, después seguía yo y después de mí los demás. Mi papá siempre quiso que alguno de sus hijos estudiara ingeniería pero a mí no me gustaba...

Juan acaparó la atención de todos por más de 25 minutos sin llegar a decir cuál era su profesión. Los que estaban en la mesa, por supuesto, se cuidaron muy bien de no darle de nuevo oportunidad de hablar.

Oración

Jesús, es penoso que mi pensamiento sea tan confuso, que no sepa ordenar mis ideas. Me pierdo en los detalles, canso a todo el mundo y me siento como un tonto. Ayúdame a tener un pensamiento ordenado y a darle a cada cosa su importancia. Sólo tú, Señor, que eres un Dios de orden puedes ayudarme a estructurar mi pensamiento, a contestar con precisión lo que me preguntan y decir lo que quiero decir.

Amén.

Pensamiento negativo

Se da junto con la adicción al sufrimiento; uno alimenta a la otra. No hay la más mínima posibilidad de ver nada desde otro punto de vista. Todo acaba por convertirse en negativo. Las personas son realmente infelices, no son libres para dejar de pensar de manera negativa.

No importa qué tan positivo, bueno o agradable sea lo que se les presenta, de alguna manera se las arreglan para encontrar el lado negativo.

Cuando hablamos de adicción al pensamiento negativo nos referimos a aquellas personas que necesitan sentir la emoción que les causa pensar negativamente y dedican sus esfuerzos constantes y sus energías en provocarla. Para ellos, pensar de manera positiva cancela la emoción de sufrimiento que buscan. Por tal motivo rechazan y se sienten molestos cuando alguien trata de hacerles ver el lado positivo de las cosas.

El caso de Elsa

La vida de Elsa es envidiable para todo el mundo. Tiene un esposo que la quiere, es trabajador y tiene bastante éxito como hombre de empresa. Tiene tres hijos: dos hombres de dieciséis y quince años y una niña de doce.

Sus tres hijos tienen éxito en la escuela; sin estar en los primeros lugares, tienen calificaciones bastante buenas. Son hijos dóciles y de buen carácter; en especial el segundo, que es el reverso de Pilar, pues siempre encuentra lo bueno a las cosas, es alegre, abierto y bromea con ella porque le dice: "mamá, eres de las que siempre ves el vaso medio vacío y yo lo veo medio lleno, deberíamos mezclarnos para que ambos tuviéramos más equilibrio".

No importa todos los esfuerzos que el marido haga por tenerla contenta, siempre se queja; si le regala algo, en lugar de gozarlo y agradecerlo, piensa que se lo van a robar o que puede perderlo; si planean un viaje le preocupa si hará calor o frío en lugar de pensar en los lugares que va a conocer; si el marido no llega a comer se queja de que está sola, pero si viene asegura que por el tráfico él vendrá cansado y estará de mal humor. El caso es que ella jamás piensa en lo bueno de nada y sí en lo malo de todo.

Oración

Dios mío, acabo de reconocer cuán negativa soy. Lo peor es que gozo siéndolo y fastidiándole la vida a los demás. No quisiera ser como soy, quisiera reír y disfrutar del momento presente y no sufrir por lo que pasó o por lo que puede pasar.

Quiero ver la vida como es, con lo bueno y lo malo: Necesito aprender a ser una persona que piense positivamente; deseo tener la posibilidad de ver la vida desde un punto de vista distinto del que tengo hasta ahora.

Enséñame a hacer planes para un futuro mejor; ayúdame a disfrutar una melodía sin pensar que va a terminar; a ver la sonrisa de un niño sin pensar que va a sufrir; a ver crecer a mis hijos cumpliendo sus metas y no pensar que los días que han vivido los acercan a la muerte; a dejar de fijarme en lo que no tengo olvidándome de lo que poseo, a no lamentar lo que me falta por lograr en lugar de ver lo que he conquistado.

Perdóname, Señor, por todo esto y enséñame a ver Tu amor en cada instante de mi vida.

Amén.

Preocupación

Hay personas dedicadas exclusivamente a preocuparse. Cada ángulo de cualquier asunto los provee de mil posibilidades de preocupación. Se preocupan cuando se sienten mal y se preocupan cuando se sienten bien, no vaya a ser que el bienestar dure muy poco. Cuando no hay nada específico de qué preocuparse se sienten perdidos y buscan algún otro agobio. Sin eso no pueden vivir. Se convierte en un proceso adictivo con vida propia y tiene todas las características propias de la adicción. El contenido de la preocupación es menos importante que el hecho de preocuparse.

El caso de Estela

Estela ha cultivado tanto su adicción a la preocupación que sus hijos le hacen bromas y la proveen de suficientes motivos para que ella pueda preocuparse. Cuando sus hijos se despiden de ella, antes de que les pueda dar las recomendaciones, ellos le recitan: "cuídate de los aires porque puedes enfriarte, no se te ocurra cruzar la calle sin fijarte porque pueden

atropellarte, no olvides la tarea porque pueden castigarte",
etcétera.

Estela se preocupa si llegó su esposo o si no llegó, si salió
el sol o si no salió; siempre encontrará un motivo para poder
preocuparse. Esta adicción se une mucho en ella a la del
pensamiento negativo lo cual le impide ver lo bueno y
positivo que la vida le ofrece y le impide gozar lo que tiene
a la mano.

Oración

Cuando veo que todo me preocupa, Señor, me doy cuenta de
que en el fondo se debe a que no confío en Tu amor y en Tu
providencia y que no confío en los demás, ni siquiera en mí
misma. Todo me da miedo y me causa desazón.

No sé disfrutar de nada porque sólo me preocupo por todo.
He hecho de la preocupación una forma de vida, soy una persona
adicta y temo enfrentar esa verdad.

Es muy fácil ver la adicción en otros y sentirme libre pero al
tener la verdad ante mis ojos, es muy doloroso aceptar que soy
una persona adicta.

Quiero ser libre, Jesús, no quiero pasar mi vida preocupándo-
me de todo.

Preocuparme ha sido para mí lo más importante y no he
podido, no he sabido vivir sin hacerlo.

Líbrame, Señor, de esta adicción, líbrame de la preocupación
que se ha vuelto la dueña de mi vida. Ayúdame a librar a los de
mi alrededor de mi adicción y enséñame a confiar en ellos.

Así sea.

Exageración

Se trata de personas dominadas por sus exageraciones; las
cuales exhiben todos los síntomas de la abstención cuando
se les pide que hagan el esfuerzo de relatar cualquier evento

sin caer en una sola exageración. No pueden hacerlo, se sienten mal por ello, pero son totalmente impotentes.

La mayoría de las veces la adicción empieza cuando la persona piensa que la verdad no es suficientemente importante para causar una reacción favorable en los demás y exagera; cuando se siente insegura como persona y cree necesitar muletas para darse importancia. Más tarde se convierte en adicción: la sensación que tiene de estar contando algo con exageración la excita y llega a creer las cosas como las cuenta y necesita después repetir esa excitación con mayor frecuencia cada día.

Este tipo de adicción es muy frecuente y es fácil encontrarla especialmente en personas a las que les gusta llamar la atención y que son centro de atracción en las reuniones. Si las observamos veremos características muy comunes a este tipo de personas; hablan fuerte para llamar la atención de todos, son amenos, son expresivos no sólo de palabra sino de gestos, son graciosos y muchas veces olvidan cómo contaron algo y los pescamos relatando el mismo hecho de diferente manera.

También podemos encontrar adictos a la exageración en personalidades totalmente diferentes y que la razón de su enfermedad es que piensan, "si cuento esto exactamente como pasó, no tiene la relevancia adecuada que necesita lo que digo". Este tipo de personas es menos común que las otras, ya que por su misma inseguridad, casi siempre prefieren mantenerse calladas y no tener el riesgo de ser corregidas. En otras ocasiones lo hacen para hacer reaccionar a otros como ellos desean.

El caso de Malena

Malena es una mujer de treinta y siete años, muy popular entre muchos amigos. Es una mujer muy guapa y desenvuelta. Su adicción comenzó cuando ella se dio cuenta de que cuando al relatar algo en las reuniones, lo hacía de tal manera que todos los que la oían no le quitaban la atención y respondían con risas y con entusiasmo a lo que ella decía.

Al principio su marido se sentía muy orgulloso de ella, por la buena impresión que dejaba en todos lados, pero empezó a asustarse cuando ella salpicaba su conversación con exageraciones tan grandes que lo que decía ya eran francamente mentiras. Cuando él le llamaba la atención en este punto, ella se enojaba y lo acusaba de celoso por la aceptación que ella tenía en todos lados.

La emoción experimentada en esas ocasiones se convirtió en una necesidad y para hacerlo más emocionante, comenzó a ser indiscreta contando intimidades de otras personas con tal exageración, que sus comentarios llegaron a ser verdaderas calumnias.

Oración

Jesús, cuando contemplo el mundo falso que he creado en mi exageración, el miedo que siento es muy grande.

¿Por qué la verdad escueta no la puedo hacer mía?, ¿cuándo empecé a aficionarme a la exageración?, ¿qué me ha hecho querer cambiar la verdad?

Yo no sé, pero no puedo contar las cosas como son y cuando trato de hacerlo me doy cuenta de mi impotencia.

Quiero empezar hoy a decir todo como es y si no puedo, te pido que me des la fuerza para lograrlo. Si aun así me es imposible, te suplico que me recuerdes todo el daño que mi exageración ha causado.

Te pido perdón a Ti y a todos los que en mi necesidad he dañado, me perdono a mí mismo por esta adicción y hoy decido que estaré especialmente alerta para no exagerar ni un ápice y te ruego que me des verdaderos amigos que me ayuden a guardar esta promesa haciéndome ver la verdad cuando exagere.

Amén.

Adicciones de comportamiento

Tienen la característica de que la alteración del estado de ánimo se inicia desde el momento en que se anticipa mentalmente el logro de la excitación que produce la adicción. Muchas se mezclan entre sí con adicciones mentales, emocionales y de relación. Sin embargo, cada una independientemente reúne las características de una verdadera adicción.

Robo

Cada vez requiere de más riesgo y más peligro para lograr el nivel requerido. Se liga mucho con la adicción al estrés, ya que el miedo a ser descubierto produce ese fluido de químicos en el organismo. Desde que se planea el robo la excitación comienza y no importa si la acción se planea para días después, la alteración emocional se inicia desde que se ve la posibilidad de robar. Entre más peligros y posibilidades de ser descubiertos existan más emoción se produce y con mayor energía se busca la repetición de la experiencia.

El caso de la tía Rosario

La tía de una amiga nuestra padeció esa adicción y, por si fuera poco, se sentía verdaderamente orgullosa de ella. Platicaba la viejita que en una ocasión que se sentía culpable de su costumbre lo platicó con un amigo suyo al que respetaba mucho y este le aseguró sin lugar a dudas que al robar menos de 100 mil pesos sólo incurría en pecado venial (o sea, una falta leve y sin importancia según él) pero si la cantidad robada sobrepasaba esa cifra entonces sí era culpable de pecado mortal (un pecado grave). Desde entonces ella se cuidaba mucho de robar sólo hasta 99 999 pesos.

En el fondo de su corazón esta señora dudaba mucho del

criterio de su amigo y, por si acaso, decidió robar solamente ciertas tiendas, "al fin y al cabo es como robarle un pelo a un gato"... También decía "Ladrón que roba a ladrón tiene 100 años de perdón", etcétera.

Sin embargo, llegó un momento en que alguien la confrontó y le dijo que no importaba el precio, que no tenía el derecho de robar. Entonces se dio cuenta de que no podía dejar de hacerlo. Cada vez que estaba ante algo que quería robar, empezaba a sudar y a temblar, exactamente igual que si lo que tuviera que dejar fuera la copa. Ante esas reacciones pudo darse cuenta de que lo que comenzó siendo inofensivo se había convertido en una verdadera adicción difícil de erradicar por la cantidad de años que la conducta se había venido repitiendo.

Oración

Señor, no importa qué disculpas busque y qué razones dé para justificarme, sé que no hago bien, que ningún pretexto será nunca suficiente para decir que está bien lo que no lo está.

Sé que me estoy engañando y que trato de engañar no sólo a los demás sino a mí también. Es inútil que me mienta más. Reconozco ante Ti que he tomado lo que no es mío y eso es una falta aunque yo trate de disimularla.

Jamás podré decir que sólo es malo robar algo grande, la verdad es que tomar lo ajeno, sea valioso o no, es una falta porque atenta contra los derechos de otros y la emoción que siento al robar no me justifica. Mucho menos la necesidad casi imperiosa que tengo de hacerlo justificará mi acción. Perdóname por tratar de acumular cosas porque carezco de aceptación y de amor.

Ayúdame a respetar lo ajeno y a dejar lo que no es mío en las manos de sus legítimos dueños.

Así sea.

Adicción a las compras

En *Anatomy of Human Destructiveness* nos dice Erich Fromm:

Se sabe que el hacer compras compulsivamente es un intento de escapar de un estado de ánimo deprimido, un acto simbólico de llenar el vacío interior y sobreponerse al sentimiento depresivo, al menos por el momento.

En ocasiones el acto de comprar provoca en la persona una excitación comparable a la que produce el alcohol.

El doctor David J. Jurae en *Money dice:*

Para aquellos individuos inclinados a las compras, los gastos compulsivos los mantienen en un estado de excitación y los aleja del aburrimiento. Lo que sucede realmente es que esta compulsión, en este caso el gastar, sostiene la actividad constante que se necesita para distraerlos de los malestares internos reales.

Liza Moraven, en la revista *Glamour* de abril de 1986, dice en un artículo titulado "Compras compulsivas":

El novio le ha cancelado cuatro citas y ella desesperada se va de compras y regresa con un suéter de *cashmere* de 200 dólares y unas botas de piel de 150 dólares. Hubiera comprado más pero se acabó el crédito de sus tarjetas ya que debía una gran cantidad de dinero de un día de compras anterior. Cuando algo va mal en su vida, se sale a gastar. Hasta usa el lenguaje de los drogadictos para describir sus compras y la cruda moral que le entra después: "Me digo que no lo volveré a hacer, pero sé que lo haré".

Los hombres y las mujeres se ven atrapados en esta adicción. Hemos conocido señores que cuando están más preocupados por problemas económicos más se inclinan a viajar, a comprar un coche o a cambiar su guardarropa, aumentando así su problema; y mujeres que llenan en sus compras el límite de la capacidad de compra de sus tarjetas, porque cuando se sienten deprimidas, rechazadas o abandonadas, compensan su vacío interior con cosas que compran de una forma compulsiva y después al llegar a casa se llenan de culpa, pero no pueden resistir su adicción.

El caso de Julia

Julia se separó de su esposo de una forma poco conciliadora. El día que su marido se fue de su casa, salió corriendo a un centro comercial. El arreglo económico que hizo con su marido fue muy parcial y para sostener y educar a sus hijos la pensión que él le dejaría sería muy precaria. En lugar de reclamar el arreglo desventajoso para ella, se fue a la tienda y desquitó su angustia y coraje y compró todo lo que su tarjeta le permitía. Al llegar a su casa, además del desaliento, se llenó de culpa por haber gastado tanto, sabiendo que el dinero con que contaría no le iba a alcanzar para sus gastos indispensables. Sin embargo, en el fondo de su corazón sabía que volvería a gastarlo muchas veces más sin poder controlarse.

Oración

Perdóname, Señor, por mi forma compulsiva de comprar y porque en lugar de tocar mis verdaderos sentimientos, los ahogo y los reprimo, dándole rienda suelta a mi adicción. Perdóname por tratar de compensar con cosas la mayoría de las veces, lo que siento y lo que necesito.

Comprar se me ha hecho una compulsión y no puedo detenerme. Ven a mi lado: enséñame a saber lo que siento, a entregarte esos sentimientos para que los transformes; que yo sea capaz de manejarlos sin tratar de suprimirlos por medio de las compras.

Amén.

Adicción al trabajo

Se ha escrito mucho sobre los adictos al trabajo y cada día nos damos más cuenta de que el trabajo, que podía ser motivo de satisfacción, de alegría y de oportunidad de expresarnos, puede convertirse en un proceso negativo.

Cuando el trabajo se convierte en una obsesión, se desarrollan conductas compulsivas que pueden hacer mucho daño y pueden llevar a la muerte. Igual que en la acumulación de dinero, sexo o cualquier otro proceso adictivo, el acto de trabajar pierde su valor intrínseco.

La línea divisoria entre trabajo excesivo y adicción a trabajar es muy sutil y es difícil determinar cuándo se ha pasado de un lado al otro.

El adicto usa el trabajo para evadir enfrentarse a la relación interpersonal y a la vida interior. Cuando tienen oportunidad de descansar, no pueden hacerlo y entran en una tremenda ansiedad y aparecen todos los síntomas de la abstención. Esta adicción está muy apoyada por la sociedad y por las instituciones y organizaciones que cobran el fruto de ese trabajo sin importarles el bien de la persona y sin averiguar el daño o el precio que el adicto paga en su salud, en paz auténtica y en vida familiar.

Por eso esta adicción es disculpada, no confrontada y aun, diríamos, apoyada y propiciada por la sociedad.

El adicto al trabajo es muchas veces recompensado, al menos de palabra, por los que trabajan con él y se convierte en el modelo del tiempo y el esfuerzo que los demás deben dedicar al trabajo. Cuando el adicto al trabajo está en una posición superior, de liderazgo o de dueño de la empresa quiere exigir de los demás la misma adicción al trabajo.

En los hogares en los que la aprobación y la alabanza se dan por el trabajo realizado es natural para el niño igualar su valía con el trabajo hecho. Sin embargo la valoración de la persona no crece en relación con el trabajo ejecutado, sino en la medida en que aprendemos quiénes somos y nos movemos en la dirección de irnos aceptando y amando. A veces quedamos presos de los trabajos realizados y cada vez tenemos más y más que realizar; nuestra importancia está en el "hacer" y nos olvidamos de todas nuestras necesidades. Nos abandonamos y nos descuidamos, y descuidamos nuestra relación con los demás.

Cuando confundimos nuestro trabajo con nuestro valor como personas, atiborramos nuestras vidas de ocupaciones. El buen trabajador puede contribuir en gran medida al bienestar de la familia y de la comunidad; el peligro comienza cuando cree y asume todo lo que la sociedad quiere que crea: que el mundo les pertenece a los que trabajan horas extras, que van delante del mundo, etcétera.

Hay mujeres que centran su vida en el trabajo de la casa. Viven obsesionadas por la limpieza, la remodelación, las comidas. Aun los fines de semana están ocupadas con las tareas del hogar.

Los padres muchas veces se centran obsesivamente en los hijos. Todo está centrado en las actividades de los hijos; las tareas, las vacaciones, los días de fiesta, la economía y la educación centrado en los hijos, sin tomar en cuenta para nada las necesidades reales y legítimas de ellos mismos.

Tenemos también a las personas cuya profesión o trabajo es lo único importante en el mundo. Sacrifican tiempo, energía y relaciones por ocuparse enteramente del trabajo.

El exceso en el trabajo convertido en una adicción presenta diferentes facetas; sin embargo, las más comunes son:

1. Siempre tienen cara de cansancio.
2. Tienen a menudo cara triste. La verdad es que sí tienen mucha soledad, ya sea porque tienen a alguien físicamente cerca con el cual no se pueden relacionar por el

exceso de preocupaciones y de trabajo, o bien porque no tienen realmente a alguien físicamente cerca.

3. Permanecen hasta tarde en su trabajo.
4. Nunca terminan de trabajar en la casa.
5. Trabajan los fines de semana.
6. Siempre cargan un portafolio para trabajar o al menos un libro para leer, no pueden perder el tiempo.
7. No faltan a su trabajo por enfermedad o necesidad de descanso.
8. No se toman las vacaciones que podrían o bien las acortan para volver al trabajo.
9. Siempre están ocupados.
10. Comen siempre de prisa.
11. No saben delegar el trabajo a otras gentes.
12. Se sienten impulsados a realizar todas las ideas creativas que tienen.
13. No saben aprovechar el tiempo para divertirse y descansar.

Se ha comprobado en estudios recientes que la productividad no aumenta por esta obsesión al trabajo; y que a veces por la falta de descanso y diversión las personas se vuelven menos eficientes.

El trabajahólico, como muchos lo llaman ahora, se preocupa más de estar ocupado que de verdad realizar bien el trabajo. Desafortunadamente como decíamos antes, nuestra sociedad aplaude a los que trabajan en exceso y siempre siente que descansar aun cuando sea el tiempo para eso, es perder el tiempo y entonces todos hacen un esfuerzo por mantenerse ocupados, aunque no lo necesiten.

En cuántas ocasiones se presentan grandes cantidades de trabajo a un jefe y tal acción es aplaudida aunque la mayoría de las veces el trabajo se tenga que volver a hacer porque no reúne la calidad que se requiere.

Trabajar en exceso tiene también otras compensaciones:

1. Adormece las emociones.
2. Cubre las inseguridades; el trabajo hace a las personas sentirse importantes.
3. Se recibe el agradecimiento de los demás así como el aprecio.
4. Hace notar a la persona.

Si esperamos que alguien reconozca nuestro trabajo y nos impulse a tomar descanso y a divertirnos, será probablemente una expectativa falsa. Es a nosotros a quienes nos toca equilibrar nuestra vida, ser suaves con nosotros mismos y darnos el tiempo que necesitamos para descansar y divertirnos, así como el tiempo necesario para cultivar las relaciones interpersonales, tanto familiares como de amistad que casi siempre se nos presentan como una carga acumulada al trabajo en vez de ser un verdadero placer.

Hagamos el ejercicio de tratar de escuchar de vez en cuando el sonido del viento, contemplar un atardecer, sentarnos tranquilamente a escuchar música, no sólo a oírla mientras vamos por el periférico, sino a disfrutarla verdaderamente poniendo nuestros cinco sentidos en ella.

¿Cuánto tiempo hace que no contemplas una vela y las figuras del fuego en una chimenea? ¿Cuánto tiempo hace que no disfrutas de tu álbum de fotografías? ¿Cuándo diste el último paseo por el parque o el bosque sin prisa? ¿De cuántas cosas nos perdemos por caer en esta adicción al trabajo tan engañosa y que aparenta ser tan buena?

El caso de Patricio

Este caso nos fue dado en el Centro de Oración por una persona que está trabajando con su codependencia. Nos dijo que aceptaba con gusto que se publicara tal como él lo escribió, con tal de que otros se beneficiaran al entender su sufrimiento. La forma en que relata sus sentimientos es tan vívida que queremos presentarla tal como fue escrita.

Comienzo por aceptar que soy una persona adicta al trabajo. Que siempre he pensado que esta forma de vivir y de ser sólo pertenece a aquellos que de veras son valiosos. Me he sentido profundamente inclinado a admirar personas que como yo, han destacado de una forma u otra progresando a base de su trabajo. Yo he dividido el mundo en dos partes: los flojos y los trabajadores. Y dentro de los trabajadores: aquellos que son mis héroes. ¡Los que la hacen, los que logran triunfos y salen del común de las gentes!

Tengo que confesar que yo no inventé mi adicción, la aprendí desde mi más tierna edad. Nací y me desarrollé en el seno de una familia en donde mi abuelo ocupaba el primer lugar. Fue en casa de mi abuelo en donde yo viví toda mi vida. Papá y mamá ocupaban un lugar de segunda. Los roles estaban invertidos y me creaban inseguridad inconscientemente. Yo aprendí cómo ser seguro viendo en la práctica cómo trabajar, cómo surgir, cómo hacerme notar, y sobre todo cómo demostrar mi valer y muchas veces cómo justificar mi existir.

Mi abuelo era un incansable trabajador, se levantaba el primero y se acostaba el último. Siempre lo vi emprendiendo cosas que a mis ojos eran admirables. ¡A mí me parecían grandes proezas!

Mi gran imaginación me ha llevado a convertir dentro de mi mente lo que no me gusta de la realidad y a transformarlo con el pensamiento. Así aprendí el arte de transformar mis espacios vitales, que eran austeros, deprimentes y poco cálidos en lo que yo quería y ambicionaba para ser feliz.

Nací en los años cuarenta; cuando el medio de diversión era la radio. Así que la imaginación fue mi mejor compañera. Es por eso que nunca me siento solo. Con ella creo fantasías, transformo espacios, transformo vidas. Por años mi mente fantasiosa ha sido ayuda, pero también trampa. Digo que ha sido ayuda porque fabrica ideas, sueños, metas. Tengo dentro de mí un impulsador que se dispara y consigue lo que se propone. ¡Es fantástico, es real, es grandioso, es admirable!

A la vez es trampa porque en mi fantasía he querido creerme cosas que no son reales y me he forzado a creérmelas engañándome: queriendo que las personas sean lo que no son y que hagan lo que no pueden hacer. Así he envuelto en el torbellino de mi vida a muchas personas que han creído en aquello que yo creo y en aquello que yo pienso y digo. A veces ha sido para bien, pero en mi realidad actual tengo que aceptar que gran parte de mi problema de hoy está en el fracaso de aquel sueño que yo inventé.

Cuando comencé a tocar mi verdad, mi realidad y a checarla con aquello que yo había creído por años, cayeron en añicos los sueños y se hicieron pedacitos las mentiras que me ayudaban a sobrevivir, que no a vivir, pues sólo la verdad nos da vida porque es la puerta de la libertad.

Me siento triste, tengo pena de mí, siento que no valgo, que no trasciendo; esos son mis sentimientos hoy.

Los que me ven creen que soy una persona triunfadora; todos creen eso, menos yo. En el fondo estoy inconforme siempre, no me sacia nada. Siempre anhelo lo grande, lo difícil, lo inalcanzable, los riesgos.

Me siento atraído por una forma desordenada de vivir en un constante riesgo. Los que me miran creen que soy de temple, no manifiesto por fuera el miedo que me da vértigo interior. Creo que llevo en la sangre la mitad de adrenalina.

Grandes descargas de adrenalina salen de mis estímulos internos, es como si no pudiera vivir sin esas sensaciones. Primero me producen emoción pues me siento impulsado a jugar el riesgo y después me mantengo en estrés hasta lograr aquello que forjó mi mente y que quizá nadie conoce más que yo.

He visto películas de jugadores. Pues algo así es lo que yo siento internamente cuando trabajo.

He tenido muchos y muy variados trabajos. Tantos como los que yo fabrico en mi mente. ¡Soy yo lo que quiero ser! ¡Gasto el dinero que no tengo! y no me da miedo en apariencia, pero internamente me acaba la ansiedad, es tanta, que a veces no me deja dormir.

¡Mi mundo de empresa absorbe todo mi ser! Me entrego de lleno a aquello en lo que creo y lucho por que salga. ¡Convenzo, me involucro, invento, vendo mis ideas! y después, me asusto a solas de los riesgos que he jugado.

Mi adicción es fascinante. Tanto, que me impide ver lo que tengo junto a mí. A veces me he visto comiendo con mi familia y no estoy escuchando. Sólo pienso en la siguiente jugada. Esto lo descubrí porque mis hijos me decían: ¿en dónde estás papá?, ¿por qué nos contestas algo que no viene al caso?

La gente como yo es difícil; para mí es duro confesar esto, pero así es.

Yo siempre me había sentido orgulloso y me justificaba de ser tan trabajador, dinámico y emprendedor. Es más, creía que el mundo necesitaba gentes así. Por eso estuve mucho tiempo encantado con mi adicción. Antes pensaba que mi adicción me daba felicidad, pero ahora estoy llorando de dolor, porque he aprendido con sangre que mi manera enfermiza de trabajar me ha alejado de mis hijos, de su confianza, de sus juegos de niños, de su mundo. He caído en la trampa de demostrar mi valer a base de conseguir éxito económico.

Haciendo memoria, recordé aquella dolorosa catarsis en la terapia familiar en donde como un estoque que le dio casi la puntilla al toro, mi esposa y todos mis hijos, cada uno desde su punto de vista me hacían ver de una manera para mí cruel —podría decirse que casi inhumana—, que mi forma de trabajar, que mi trabajo en sí y todo lo que había dejado de ser y de darles por ello, ellos no lo querían. ¡Que nadie me pidió nada material y que ninguno estaba de acuerdo en la forma como yo vivía mis prioridades!

Mi reacción ante toda esta actitud de mi familia fue una de las catarsis más dolorosas y difíciles de las que yo tenga memoria. ¡Sentí que mi vida no tenía sentido! que nadie apreciaba mi valor y mi motivación de fondo. Sentí un desconsuelo que casi me llevó a la muerte.

Es más, gritaba con auténtica tristeza y dolor de corazón: "prefiero morir que vivir aquí en medio de esta familia que no sabe quién soy".

¿Qué pasó?, ahora lo veo claro. Mi falta de identidad y mi carencia de afecto profundo entre los míos me habían llevado a trabajar de una manera maniaca y obsesiva. ¡Como si mi identidad fuera mi propio trabajo!

Nunca me sentí más poco amado ni más maltratado y lastimado injustamente. Sin embargo, lo que ellos hacían era honesto, era señalarme una verdad: mi adicción.

Cuando un hombre bueno que ama a toda su familia y trabaja incansablemente no sabe expresar de ninguna otra manera su cariño, se aleja y se vuelve extraño en su propia casa y sufre mucho, pero no sabe lo que le ocurre. Por eso sigue mitigando su dolor y su soledad con la adicción que lo maneja y que ni siquiera reconoce como tal. Él la mira como capacidad, como don, como cualidad admirable. Incluso, casi sin sentir, yo era manejado casi exclusivamente por pensamientos y actos que sólo tenían que ver con mi trabajo.

Al mismo tiempo, como he sido una persona con una fuerte espiritualidad, trabajé para mi iglesia de una manera casi o más compulsiva que en mi trabajo. De esta forma compensaba mi conciencia dormida.

Comencé a despertar cuando pude ponerle nombre y a distinguir las características de mi ser codependiente. Ahora, después de más de un año, le encuentro relación con mi adicción al trabajo, a los riesgos, a la entrega desmedida al servicio a los demás: a todos menos a mí mismo.

En mis prioridades estaba primero el trabajo, después mi servicio a la iglesia, después una atención muy apresurada a mi familia y al último yo. Mi persona ocupaba el último sitio: posponía citas médicas, operaciones, todo lo que fuera mi salud. Esta era la forma enferma como "yo me amaba".

Jesús, que me ama, ha permitido que esta revelación sea paulatina. Jamás hubiera podido ver y entender esto de un golpe. No lo hubiera resistido mi frágil corazón ni mis entrañas que tanto sufrieron por las fuertes descargas de adrenalina que viven quienes como yo, tienen esta adicción.

El ver todo esto me hace primero confesarlo, después aceptarlo y amarme así: vulnerable pero fuerte. Como dice san Pablo: "en mi debilidad, está mi fuerza. Entre más débil, soy más fuerte"

A nadie le gusta ser esclavo de sí mismo, de sus manías, de

sus adicciones. Lo que pasa es que en el laberinto no encontramos la salida. No vemos, pero tampoco a los adictos nos gusta que nos digan nada. Pues a nuestros propios ojos somos las personas que construimos el mundo. "Somos claves". Y sucede así muchas veces. Pero yo he visto llorar de dolor y soledad a gente como yo. Porque nos sentimos no amados, no comprendidos, usados y sobre todo no reconocidos en nuestro ser íntimo.

Pero estamos llamados a "ser libres", a "mirar de frente a la verdad". La verdad nos ama, nos busca y nos aleja de todas las justificaciones que nos buscamos para distraer a los que osan decirnos lo que piensan.

Los adictos al trabajo o somos altruistas, o construimos a México, o trabajamos para solucionar problemas de injusticia o generamos fuentes de trabajo; o entregamos la vida por nuestros ideales apostólicos al punto de estar "cerca de los lejanos y lejos de los cercanos". ¡Qué incongruencia!, ¿no?

Pues esa es mi adicción. Aún empiezo con dificultad a verla. Es como si mis ojos estuvieran ciegos de tanta luz. Sé que poco a poco me voy a acostumbrar a mirar ese sol de frente y sin miedo.

Por ahora sólo sé, como san Pablo, que he sido derribado y estoy débil. Pero pienso que Dios, que me ama desde el seno materno y me eligió para ser testigo de la verdad, me hará libre. Por eso espero la manifestación del que me justificará primero ante mí mismo y después ante los demás.

A través de los que me aman iré saliendo de mi autodestrucción. Aprenderé cómo canalizar mis potencialidades positivamente, aprenderé el verdadero equilibrio y poco a poco se irán sanando mis heridas. Pero lo más importante: "aprenderé a vivir y a ser feliz", pues a eso me ha llamado mi padre Dios.

Ya no quiero más patrones enfermizos que generen gente enferma como yo. Ya no más barreras que impidan tocar mis sentimientos por temor a la verdad. La verdad no enloquece, lo que enloquece es permanecer engañados y engañar a otros.

Ahora estoy exhausto y quiero retomar mi trabajo de padre y esposo, de ocupar mi lugar y restablecerme.

Quiero que Jesús me conduzca, Él es la Verdad. Quiero encontrar dentro de mí mismo lo que hasta ahora no he querido ver. Quiero tocar mis sentimientos aunque esto me produzca mucho dolor. Quiero correr el riesgo de buscar la verdadera libertad aunque me provoque inseguridad salirme de mis esquemas.

Gracias, Señor, por la vida nueva.

Mentira

Los adictos a la mentira se van formando poco a poco. Al principio mienten porque no saben enfrentar la verdad. Atrás de cada mentira existe un ser inseguro y con miedo de ser rechazado o castigado; aunque a veces ser mentiroso se aprende imitando. Cuando un niño ve a sus padres o maestros mintiendo, pierde poco a poco el parámetro de lo que está bien y de lo que está mal. Si los adultos son sus guías y los ve mentir, entonces de alguna manera justifican que se mienta.

La mentira y el engaño son propiciados por nuestra cultura. Miente el gobierno, miente el causante de impuestos, miente el que contesta el teléfono, etcétera. Es penoso, pero es verdad que quien logra engañar a otro se siente superior y desprecia al incauto que le creyó.

Nuestra cultura aplaude al empresario que no paga los impuestos que debe y al profesional que le ayuda a hacerlo.

Es común justificarse con los pretextos de que se trata de mentiras blancas y que el fin justifica los medios; pero no decir la verdad es decir una mentira aunque se trate de matizar.

Cuando un niño dice una mentira y le funciona, empieza a usarla con mayor frecuencia, especialmente si tiene miedo de decir la verdad; sin darse cuenta llega una día que miente para todo y por todo y hasta comienza a creerse sus propias mentiras.

Podemos pensar que la adicción a mentir es fácil de adquirir por la sensación de espera y tensión entre el tiempo de pensar la mentira, decirla y el tiempo en que se obtiene una reacción.

Si una persona empieza a mentir sin control, la adicción está presente; y si además goza con anterioridad su mentira es que la enfermedad está muy avanzada.

El caso de Carmen

Carmen empezó a mentir desde chica para evitar los castigos que su padre le ponía. Su mamá también temía a su esposo por su carácter agresivo y violento. Las dos, sin darse cuenta, se apoyaban en sus mentiras y se hacían cómplices de ellas.

Carmen creció en un ambiente tenso y se acostumbró a mentir para tener a todas las personas que trataba muy contentas con ella y aprendió pronto a saber qué le gustaba a cada quien y cómo tratar a cada persona. Se acostumbró a pensar una cosa y a decir otra y a darles a todos por su lado.

Cuando se casó, también a su esposo le mentía hasta en las cosas más insignificantes, como por ejemplo: en vez de decirle que se le había hecho tarde platicando con una amiga, le decía que había habido un accidente de coches que no le permitió pasar y que la entretuvo.

Una vez sus mentiras llegaron a tal grado que cuando el maestro de su hijo la llamó para hablarle de las calificaciones del niño, se le hizo fácil disculparlo diciendo que la razón de sus malas calificaciones era que el niño había vivido en tensión los últimos meses porque ella y su marido se habían separado y así despertó la compasión del maestro.

Ella olvidó el incidente y en la fiesta de fin de año, ella y su marido fueron a la escuela y el maestro al verlos juntos los felicitó por haberse reconciliado. Esto enfureció al marido y por poco la mentira de la separación se vuelve una realidad.

En este periodo conocimos a Carmen. Estaba asustada porque se dio cuenta de que no podía dejar de mentir aunque se lo propusiera. Le pedimos a Jesús que ella pudiera verlo a su lado cuando era pequeña y enfrentaba a su papá.

Jesús le dio la fuerza para hablarle a su padre con mucho respeto y con mucho amor y pedirle que no se enojara porque ella se asustaba y ya no quería mentirle para salvarse del castigo. Cuando ella pudo hacer esto, sintió que decir la verdad era mucho más fácil que mentir, y que las consecuencias de la verdad serían menos dolorosas que la esclavitud de mentir y mentir para tapar las mentiras iniciales.

Después de que Jesús sanó la raíz de su adicción, ella tuvo que hacer esfuerzos muy grandes para apegarse estrictamente a la verdad y necesitó la ayuda de su esposo para que no la dejara mentir ni siquiera en asuntos pequeños y aparentemente sin importancia, como decir que no estaba cuando alguien la llamaba por teléfono y no quería contestar.

Oración

Jesús, Tú que dijiste: "Yo soy el camino, la Verdad y la Vida", déjame seguirte e imitarte.

Cuando ante el Sanedrín fuiste interrogado a pesar de que sabías que la verdad te traería la muerte, no mentiste.

Necesito de tu fuerza y de tu amor para atreverme a decir siempre la verdad, y a no dejar que la más leve mentira o una verdad a medias salga de mis labios.

Yo he tratado de dejar de mentir y no he podido; sólo tu amor incondicional me hará libre de las cadenas de la mentira, necesito sentirte cerca de mí, necesito la fe para saber que estás conmigo y me sostienes.

A Ti no puedo mentirte aunque he tratado de hacerlo, pero Tú ves lo profundo de mi corazón y conoces mi verdad. Sabes que soy débil para vivir, para decir la verdad, pero Tú eres fuerte, Tú eres la verdad misma y me amas; que eso me baste para ser libre en la verdad.

Amén.

Perfeccionismo

La obsesión por que todo marche a la perfección impide que la persona goce la vida realmente, porque nada en la vida real es perfecto. Algunas personas tienen o buscan ese perfeccionismo en sus personas o en sus actos y otras lo tienen en sus casas. Ninguna cosa puede estar un milímetro fuera de su lugar porque se alteran inmediatamente.

El nivel de la tolerancia va en aumento, y cuando físicamente no pueden hacer y revisar las cosas como ellas quisieran, aparecen los síntomas de la abstención.

El perfeccionismo produce, al igual que cualquier otra adicción, ese adormecimiento de los sentimientos y esa alteración del estado de ánimo.

Cuando nos sentimos mal con nosotros mismos no nos permitimos fallar; muchas veces la perfección es nuestro escudo para no ser heridos y dejar al descubierto nuestra vulnerabilidad. Estamos tan inseguros de lo que somos que lo único que nos queda es mostrar una imagen perfecta que le diga a los demás: "todo está bien conmigo, no hay problema, soy perfecto".

Cuando el perfeccionismo en una persona se vuelve una adicción, es tal la compulsión de hacer todo perfecto que se presiona constantemente y se agota con facilidad. Mientras está en el proceso de lograr algo perfecto, la tensión la posee y siente liberación cuando siente que lo logró.

Cuántas veces vemos que alguien repite planas y planas porque se equivocó en una letra y no puede permitírselo y si por alguna razón no puede corregir los errores, la inquietud lo domina y no piensa en otra cosa que en el momento en que pueda regresar al escrito a corregirlo.

Algunas mujeres adictas al perfeccionismo se maquillan varias veces al día y si no les queda como lo desean, se despintan y vuelven a empezar de nuevo el ritual.

Cada perfeccionista tiene su punto débil, algo que no puede dejar con la más mínima imperfección: su cama, su coche, la mesa, etcétera. Lo importante es señalar que su pensamiento está fijado en esa cosa en particular y si no logra la perfección en eso, la inquietud y la ansiedad lo atrapan.

El caso de Natalia

Natalia sufre por su adicción a la perfección, y no sólo ella: sino todos los que la rodean. Saca de quicio a su marido cuando están comiendo porque ella le arregla los cubiertos seis o siete veces si él los mueve de su lugar. Cuando él cuelga su ropa, ella no resiste el impulso de reacomodarla como si su esposo lo hubiera hecho mal. Cuando él regresa las herramientas a su estudio con mucho cuidado, ella tiene que hacerlo mejor; si pone un libro sobre la mesita, ella lo mueve para que quede del lado perfecto, si él guarda las fichas del dominó en su caja, ella las saca y las guarda por números. Él no puede arreglar su ropa porque ella se pone muy nerviosa si no está arreglada por colores, etcétera.

Cuando Natalia llegó al Centro, empezó a descubrir que sentía como amenaza el que las cosas no estuvieran perfectas y esto le causaba mucha ansiedad.

Al buscar las raíces, recordó que sus hermanos siempre fueron alabados por su padre por motivos que ella consideraba tonterías; en cambio a ella no le prestaban la misma atención, y su forma de atraer esa atención era siendo perfecta, aunque fuera externamente.

Estaba alarmada por el enojo de su marido, sin embargo le llevó tiempo aceptar que su perfeccionismo había traspasado los límites de lo normal. Se resistió mucho a creerlo hasta que una vez se le pidió que no moviera algo de su lugar y la ansiedad que la dominó fue tan obvia que ya no lo pudo seguir negando más.

Oración

Jesús, sé que tengo miedo de no ser aceptada si no soy perfecta. Creo que tengo más miedo de esto de lo que yo quisiera reconocer.

El escudo de la perfección me ha servido hasta hoy bastante bien, pero ya no puedo seguir luchando con tanto ahínco.

Me da pena reconocer que soy una verdadera adicta a la perfección. En el fondo me siento demasiado imperfecta. Hoy, al ver mi verdad, mi realidad, reconozco que sólo Tú eres perfecto y yo sólo soy como una caricatura de la perfección.

Reconozco ante Ti que te necesito más que nunca. Sólo Tú puedes librarme de esta adicción. Sólo Tú puedes ayudarme a descansar y gozar de la vida sin exigirme y sin exigir a los demás según mis criterios de perfección.

Gracias, Señor.

Adicción sexual

Es una obsesión y una preocupación excesiva en torno al sexo. Es progresiva y fatal. Es destructiva de la persona y de las demás personas involucradas.

Normalmente es una adicción oculta y va acompañada de culpa y de vergüenza. Es hasta ahora, que viene a considerarse como una adicción.

Cada día más las personas usan el sexo no como una fase o aspecto de una relación, sino como un medio para lograr el punto de excitación que requieren. A veces la relación sexual es usada para evitar tensiones y sentimientos. Se usa el sexo y se usa a la otra persona para no lidiar consigo mismo. A veces sienten que el sexo es algo que "merecen" y que la otra persona les "debe".

Cuando el adicto sexual alcanza el punto que necesita para sentirse bien, hace lo mismo que el alcohólico o que el adicto a las drogas. Las dinámicas de la personalidad que se desarrollan son esencialmente las mismas.

Como las demás adicciones, altera el estado de ánimo. La persona convierte el punto de bienestar alcanzado con la adicción en el centro de su vida y poco a poco esto controla su vida.

En esta adicción la persona pierde su espiritualidad y su sentido moral. Poco a poco se aleja de la Verdad. También se aleja de la realidad hasta llegar a una falta de salud mental.

La adicción sexual se convierte para el individuo en una obsesión. Define todo por su sexualidad y todas sus relaciones son también sexualizadas.

Como decíamos antes, esta adicción se mantenía en lo oculto. Ahora, gracias a la conciencia que se empieza a despertar sobre la necesidad de ayuda, son los adictos sexuales los que nos revelan el dolor y el daño que padecen.

Anne Wilson Schaef en *Escape from Intimacy* divide la adicción sexual en cuatro niveles:

1. Adicción sexual reprimida que incluye frigidez, impotencia, rigidez sexual, pureza sexual obsesiva, celibato no integrado, anorexia sexual y el tratar a otros como objetos sexuales.

2. Adicción sexual pasiva que incluye fantasías sexuales obsesivas, pornografía en privado, etcétera.

3. Adicción sexual activa que incluye la masturbación, exhibicionismo, prostitución, pornografía activa, usar a la pareja para obtener la propia satisfacción, telefonemas indecentes y varias más que no es necesario mencionar.

4. Conducta sexual violenta que envuelve a individuos mezclados en bandas de prostitución infantil, violación, incesto, abuso de menores, sadomasoquismo y otras formas de violencia sexual. Aquí la conducta viola las normas éticas y sociales así como la ley.

Los niveles son progresivos. Aunque no todos son adictivos

se deberían analizar las características en caso de sospecha para tratarlas como debe tratarse la adicción.

La adicción sexual, aun en sus niveles más simples, en apariencia evita e impide que la persona logre la intimidad. Los adictos son personas actuando una enfermedad progresiva y fatal.

Los casos de Marcela y de Mercedes

Al Centro de Oración han llegado personas llenas de ansiedad o en una profunda depresión cuya raíz es una adicción sexual en ellas o en sus cónyuges y que las llena de culpa y de vergüenza. La adicción sexual no es exclusiva de los hombres, también domina en ocasiones a las mujeres.

Buscando las raíces, encontramos que muchas veces, como en el caso de Marcela, la ignorancia había sido parte del problema ya que la información que tenía de la sexualidad era casi nula. No tenía idea de que lo que estaba viviendo era enteramente anormal. Sólo sabía que ella sentía su dignidad ultrajada y sus sentimientos lastimados, pero creía que era algo que tenía obligación de aceptar.

Cuando se dio cuenta que había aceptado todo lo que su esposo le había impuesto por no sentirse rechazada, sintió un gran coraje hacia él. Poco a poco comenzó a expresar en voz alta lo que la molestaba y que hasta ahora había sido algo indefinido. Se dio cuenta de lo enojada y lastimada que estaba. Había tratado de negar la verdad de sus sentimientos y una vez reconocidos, tomó la decisión de no permitir nada que fuera cruel o indigno para ella.

La adicción del marido había afectado su vida entera. Pero cuando comprendió que él era realmente un enfermo, esclavo de una adicción, Marcela inició un proceso de perdón hacia él ayudándolo a enfrentar su mal y a buscar ayuda para él.

Mercedes es una mujer de 38 años que desde niña se masturbaba, cuando en alguna ocasión llegó a comentar con

129

un profesional lo que le pasaba, este le dijo que eso era algo natural y sin consecuencias. Esta fue una luz verde para ella que siguió su adicción a tal grado que llegó a alarmarse de su intensidad.

Al principio se aislaba para hacerlo, pero poco a poco llegó a hacerlo en cualquier lugar. Su trabajo llegó a resentirse debido a su adicción y empezó a tener problemas con todo el mundo pues su energía y su pensamiento estaban puestos en cómo satisfacer su adicción.

Siendo una mujer casada, llegó a perder el interés en la relación amorosa con su marido y a centrarse sólo en sí misma; cuando su marido se dio cuenta de lo que pasaba se sintió tan humillado que le pidió el divorcio. Mercedes, asustada de las consecuencias y de su impotencia para luchar contra su adicción, decidió pedir ayuda. Su tratamiento fue muy largo, ya que los síntomas de la abstención eran muy fuertes después de tantos años de ser adicta; lo más difícil fue aceptar que se trataba de una adicción y que ella sola no podía hacer nada por más que se lo propusiera.

A medida que sentía el amor de Dios que la llenaba, reunió la fuerza necesaria para emprender la lucha por ser libre. Empezó a recorrer su vida con Jesús, los años de soledad de su niñez en los que compensaba el abandono de sus padres que siempre tuvieron algo mejor que hacer que estar con ella, aislándose para encontrar consuelo en la masturbación, acostumbrándose a buscar su placer personal puesto que nadie llenaba el vacío de su corazón.

Oración

Jesús, sé que después de reconocer ante mí mismo que estoy bajo la esclavitud de la adicción sexual quiero reconocerlo ante Ti. Me he rebajado ante mí y ante Ti; por no tener cariño me he dejado conducir a un camino que muy pronto no va a tener regreso. Sin embargo, confío plenamente que Tu amor incondicional va a llenar mi corazón de todo el cariño que yo tanto he necesitado.

Por favor, Jesús, te pido que Tu infinita misericordia me ayude a ver el fondo de mi ser para conocer en dónde están mis carencias, y una vez reconocidas, me entregue a Ti para que llenes esos rincones de soledad y pueda dejar esos hábitos que sólo me traen más soledad y que me llenan de vergüenza.

Que Tu amor infinito me descubra la dignidad de hijo de Dios que yo tengo y me ayude a caminar por la vida con la mirada alta y con la seguridad de que merezco dar y recibir amor, que me haga crecer y madurar hasta alcanzar la plenitud para la cual he sido creado.

Amén.

Adicción al romance

Es diferente a la adicción sexual. Los adictos tienen una visión distorsionada de la realidad. Sus procesos de pensamiento se hacen confusos. Están tan enfocados en hacer creer que la realidad parece no existir.

Son deshonestos. Buscan sólo la experiencia romántica. Las velas, las flores, lugares especiales. Están más involucrados con el ambiente que con la otra persona. Son expertos en música de fondo, ambientes como de película y sobre todo "ilusión".

El sistema de negación es muy fuerte. Les impide hacer un compromiso, se centran en el futuro, en la fantasía y no están en el presente. No quieren conocer realmente a sus parejas. Quieren verse bien ante ellas. El hombre quiere una bella mujer en sus brazos y la mujer desea a un arrogante extraño y desea que siga siendo extraño.

Esta adicción altera sus estados de ánimo: obtienen su sensación de una canción, de un lugar, de una memoria. Es progresiva: cada vez pasan más y más tiempo en sus ilusiones y se apartan de su realidad.

También pierden su espiritualidad y quebrantan su moralidad.

A veces, lo que se ha creído que era codependencia se ha visto que era adicción al romance. O bien, parece adicción sexual y no lo es, se quedan en los preparativos, en la fantasía. Identificar esta clase de adicción es importante. Existen aquí diferentes niveles: el que sólo vive en la fantasía, el que se envuelve en toda clase de relaciones superficiales y se casa muchas veces. Otros se ponen en situaciones románticas que pueden ser peligrosas. Se ligan con extraños, se van a lugares lejanos y ponen muchas veces su vida en peligro.

El caso de Ramón

Ramón, de 43 años de edad, es un hombre trabajador y posee un buen puesto en una empresa.

En su vida emocional ha sido poco estable. Cuando era novio de la que hoy es su esposa, mantenía romances al mismo tiempo con otras chicas. Esto fue causa de que rompiera tres veces; pero con promesas de enmienda, reanudó sus relaciones con la novia y se casó.

Era usual en él que coqueteara con todas las compañeras de trabajo; según él, esto no le hacía mal a nadie.

En varias ocasiones llegó a invitar a las secretarias a cenar inventando a su esposa cenas con clientes.

La emoción comenzaba desde que planeaba la invitación. Buscaba con cuidado un lugar tranquilo para cenar y hacía la reservación con varios días de anticipación; ensayaba al detalle cómo haría la invitación, escogía el lugar, la forma y el momento de hacerla.

Desde días antes, comenzaba su estrategia de conquista, usando más perfume que de costumbre, vistiendo sus mejores trajes, pensaba cuál corbata se le veía mejor, saludando a la seleccionada de manera que ella se diera cuenta de que era la escogida, etcétera.

Todos estos planes lo hacían vivir en una excitación que pronto se convirtió en una necesidad. La adicción había empezado y Ramón, al no soportar más lo que él llamaba su vida aburrida con su esposa e hijos, comenzó a cambiarla por lo que él creía su maravillosa vida de galán.

La necesidad llegó a ser tan grande, que Ramón trataba de conquistar a cuanta mujer se le paraba enfrente, coqueteando ya sin ninguna prudencia ni respeto delante de su esposa y de sus hijos y lastimándolos y humillándolos de tal forma que la única salida fue el divorcio.

Cuando este llegó, Ramón se dio cuenta de que en realidad ninguna de las mujeres que había conquistado le importaba, pero ya era demasiado tarde.

Oración

Jesús, qué inseguridad hay en mí que trato de negarla y trato de convencerme a mí mismo de que soy lo máximo.

Perdóname, Señor, por vivir en la fantasía y despreciar la realidad. Te pido perdón por creer que lo que no tengo es lo que me excita y necesito.

Quizá he dañado a muchos con mi adicción, pero a quien he dañado más es a mí mismo.

Perdona mi egoísmo. No quiero vivir más en la fantasía, quiero tocar la realidad y vivirla intensamente. Sé que en mis relaciones me he detenido en la apariencia y no he dado realmente nada de mí mismo.

Quiero vivir el presente y te pido que en él estés Tú y me enseñes cuáles han sido los pasos que he seguido para llegar a esta adicción.

Ven, Señor, y ayúdame.

Ejercicio

El ejercicio físico es una forma de mantener buena salud y en sí mismo es recomendable para la mayoría de las personas;

pero es muy diferente cuando se convierte en un proceso adictivo. En esta adicción caen normalmente las personas que están recuperándose de otra adicción. Por ejemplo: es muy común que los alcohólicos en recuperación adopten el ejercicio compulsivo para ahogar la ansiedad y la necesidad que tienen al dejar de beber; los comedores compulsivos igualmente sustituyen muchas veces la comida por el ejercicio. Otros la adquieren porque necesitan la sensación de exigirle al cuerpo un esfuerzo adicional; otros simplemente se acostumbran a la sensación que les da la liberación de energía que la represión de las emociones y el estrés producen y quieren repetir la experiencia constantemente.

Podemos hablar de adicción cuando la persona se molesta por que algún compromiso surge y le impide realizar su ejercicio; cuando al dejar de hacerlo se siente nerviosa y mal; cuando el ejercicio toma un lugar primordial en su vida y cuando la abstención causa estragos en su estado de ánimo.

En la película *Carros de fuego,* cuando la actriz le pregunta al corredor olímpico Abraham por qué tiene esa obsesión por correr, él le responde: "Es como una adicción, sólo pienso en ello y esto me impide preocuparme de otras cosas". "¿Como qué?", le dice ella. "Como ser judío, por ejemplo".

Podemos ver aquí que correr, competir y ganar era una obsesión que estaba cubriendo el sufrimiento por el rechazo que sentía hacia él por ser judío.

El psicoterapeuta Howard M. Kalpern en *Compulsive Exercising* dice: "He visto personas tan obsesionadas con el correr y tan incómodas y ansiosas cuando pueden perder su ejercicio que esa actividad empieza a interferir todas las áreas importantes de la vida".

Sandra LeSourd dice:

El ejercicio es adictivo cuando dejas de escuchar tu cuerpo, lo que sientes, y te sientes impelida por una urgencia que no tiene nada que ver con la realidad. Es compulsivo cuando tu apariencia, tu bienestar y tus relaciones están supeditadas a hacer tu ejercicio seis días a la semana.

Los signos de adicción al ejercicio son varios. Entre ellos, cuando te sientes que los eventos importantes de tu vida son interferencias a tu ejercicio, cuando no acomodas el ejercicio a tu vida, sino tu vida al ejercicio, no te sientes bien, completo, bueno, a menos que hagas tu ejercicio, o bien, lo haces aun si estás enfermo. Para ver si ya ha llegado a ser adicción checa todas las características señaladas sobre la adicción.

Oración

Señor, es verdad que mi vida gira alrededor del ejercicio y he hecho casi un dios de él. Física y emocionalmente dependo de tal actividad y me molesta todo y todos los que me lo impiden.

Quiero entregarte mi ansiedad y la necesidad imperiosa que siento de hacer este ejercicio compulsivo y te pido que me ayudes a encontrar el equilibrio que debo tener, para poder hacer sólo el ejercicio que es sano para mí.

Te pido que Tú seas el centro de mi vida. Quiero quitar el ejercicio de ese centro que ocupa ahora. Ayúdame a no poner mi obsesión antes que mis necesidades. Ayúdame a no depender de él para disfrutar la vida como Tú quieres que lo haga.

Gracias, Señor.

Televisión

Sandra LeSourd en *Compulsive Woman* dice:

Sentarme a ver telenovelas, una tras otra, era una forma de ahogar la situación penosa en que yo vivía. Las comedias se convertían en mi realidad ya que yo no podía enfrentar mis fracasos como madre y como esposa.

135

Más adelante comenta cómo su esposo sufría por su adicción a ver los deportes en la televisión. Esta adicción era tan fuerte que se perdía las comidas familiares por ellos. Cada vez que intentaba romper la atadura, acababa desesperado al darse cuenta que era más fuerte que él.

Cuántas personas conocemos que ven un programa tras otro; no importa cuál sea; no importa que sea en inglés y no lo entiendan, lo importante es anestesiar los sentimientos, no pensar. No importa que su mundo se derrumbe a su alrededor, no se dan cuenta, lo único que importa es la tele.

A veces cambian, y cambian de canal sin ver un solo programa completo; pero no toleran que nadie les hable y los distraiga. Su atención está en la pantalla. Cuando salen a trabajar sólo piensan en el momento de regresar a la televisión.

La televisión es un invento recreativo útil, pero fácilmente enajenante, ya que es un medio maravilloso para evitar el pensar y en vez de eso tenemos la atención cautiva en la pantalla.

Hay personas que pasan todo el tiempo libre frente a la televisión y sólo se levantan durante los anuncios, si es que lo hacen y pueden estar ahí un promedio de seis a ocho horas diarias.

La adicción también se presenta en personas que no están tanto tiempo frente a la televisión, pero cuyo pensamiento está puesto en terminar lo que tienen que hacer para poder sentarse ante ella.

La adicción a las telenovelas es muy común, porque el televidente experimenta física y emocionalmente las historias que ve y hace suyos los sentimientos de los protagonistas y les adjudican a ellos todos los sentimientos que han reprimido. Por ejemplo: hubo una telenovela en la que la mamá era muy mala y engañaba a todos, incluso a su propia familia, manipulándolos con la pérdida de un ojo. Era increíble ver qué pasión y qué odio fuera de lo normal despertaba esa mujer y cómo todos gozaban proyectando sus sentimientos negativos sobre ella, quizá porque muchos no querían reconocer que hubieran querido echarlos sobre su propia madre.

Es mucho más fácil contemplar la vida y las historias de otros en vez de mirar las nuestras y así la televisión se vuelve una válvula de escape.

Cuando la televisión se vuelve más importante que las personas, que las relaciones, o que pasear, visitar, jugar, etcétera, estamos hablando de una adicción.

Si el que está frente a la tele no ve un programa completo, sino que se dedica a cambiar de canal, no sólo no quiere pensar en las historias ajenas, sino que los anuncios que puedan recordarle alguna necesidad, son evitados y prefiere ver dos o tres programas deshilados al mismo tiempo.

Hay personas que ven todos los noticieros que pueden y no les importa que digan lo mismo en cada uno, lo importante es la emoción positiva o negativa que las noticias les producen.

Existen niños que a pesar de que los programas que ven en la tele los asustan, no pueden alejarse de la pantalla y experimentan constantes descargas de adrenalina que el miedo les produce y sin embargo están tarde tras tarde como hipnotizados por la televisión.

Lo que ya resulta alarmante es que la televisión permanece prendida en muchas casas todas las horas que se puede y se apaga muchas veces después de que el televidente se ha dormido, porque necesita el ruido que lo adormece y le evita pensar.

En fin, que un invento que podía ser útil y recreativo, para algunos se ha convertido en la adicción elegida que evita contacto con los propios sentimientos.

Oración

Jesús, es verdad que siento compulsión por ver la televisión. Por verla he dejado de comunicarme con los míos y aunque todos la veamos juntos, estamos inmersos en el mundo que la televisión nos ofrece.

¿Por qué he dejado que la televisión sea una rutina en mi vida en tanto que pasear, o pasar las tardes con la familia han pasado a segundo lugar?

¿Qué escondo en el fondo de mi ser? ¿A qué le tengo miedo? ¿Cuál es la razón de mi vivir esclavizado a un aparato?

Dime, Señor, ¿qué hago?, ¿cómo puedo volver a convivir con mi familia?, ¿cómo empezar de nuevo a comunicarme?

Ábreme los ojos, Señor, a otras formas de descanso y diversión, en donde realmente las personas a mi alrededor se sientan que son importantes para mí.

Por favor, Señor, ayúdame a cambiar.

Así sea.

Juego

El juego es una adicción cuando la persona está aún más esclavizada por el proceso mismo que por ganar dinero. Como todos los adictos, los jugadores usan su adicción para no poner atención a sus sentimientos. Sus vidas se convierten poco a poco en difíciles de manejar. Jugar es tan adictivo como beber y aunque no destruye el cuerpo, destruye el orden de la vida y las relaciones.

En lo exterior los jugadores no muestran señales de su enfermedad como los otros. Hay una alteración progresiva de la conducta: la persona siente preocupación y urgencia por el juego que compromete su familia y su trabajo.

Las estadísticas muestran que el 10 por ciento de la población americana tiene problemas con el juego. Empiezan a jugar de jóvenes para compensar su ansiedad. Además, una tercera parte de los jugadores son mujeres.

Es una enfermedad invisible y cuando empiezan su recuperación los adictos muestran los mismos síntomas que aquellos que dejan el alcohol o la droga.

Una modalidad de esta adicción se encuentra en muchas personas que trabajan en casas de bolsa y que juegan a ella constantemente con los riesgos que esto implica y experimentan la excitación que sienten los jugadores de cualquier otra cosa.

La adicción al juego ha llevado a muchos al crimen, al suicidio y a cosas realmente vergonzosas y humillantes. Cuando la adicción es muy fuerte, ganar o perder deja de ser lo primordial para el jugador. Lo primordial es la emoción, la angustia y la tensión que jugar produce.

No es raro que el jugador que no puede pagar su deuda recurra a muchas cosas para seguir jugando; incluso ponen en juego a su familia, sus bienes o lo que sea. Sufren por hacerlo pero no lo pueden evitar porque su adicción es más fuerte que cualquier amor, lealtad, ley moral, valores, etcétera.

El jugador experimenta la emoción desde los preparativos para poder jugar. Muchas veces su trabajo, su futuro, su estabilidad familiar están también en juego y esto le produce sensaciones físicas que le provocan el deseo de repetirlas y que aparecen con la sola posibilidad de jugar.

Muchas mujeres tienen esta adicción y ponen en la cuerda floja el dinero que reciben de sus maridos para la casa y comprometen el dinero que todavía no reciben.

El caso de Joaquín

Joaquín es un hombre de 45 años, apuesto y de mucho mundo. Desde muy joven empezó a jugar *póker* y *black jack* en reuniones de amigos y lo que inició como una diversión que animaba las reuniones, terminó siendo la costumbre cada vez que se juntaban.

Al principio las apuestas eran simbólicas pero fueron haciéndose fuertes con el tiempo.

Cuando contrajo matrimonio, las reuniones semanales se mantuvieron y Joaquín las esperaba con ansia toda la semana. En alguna ocasión alguien les propuso un viaje a Lake Tahoe en el que los gastos de avión y hotel eran una ganga.

Joaquín y tres amigos más se inscribieron al viaje y se fueron felices después de haber pensado bien la cantidad de dinero que podían apostar.

Excepto Joaquín, los demás perdieron todo al segundo día y él empezó a ganar hasta que reunió una cantidad de dinero muy fuerte. Esa fue la razón para que se aficionara a este tipo de viajes y con el pretexto de que el pasaje y el hotel costaban muy poco, casi de ninguna excursión se perdía.

Las siguientes veces no fueron tan afortunadas para él y llegó a perder tanto dinero que para pagar sus deudas hipotecó la casa y vendió su coche. Con la esperanza de que la suerte cambiara, seguía y seguía jugando, aumentando la deuda.

Cuando ya no tenía con qué pagar pidió prestado en la empresa donde trabajaba y realizó pequeños fraudes en las cuentas que presentaba en la compañía.

Lo peor de todo era que el dinero que conseguía nunca era empleado en pagar la deuda sino en jugar más con la esperanza de que con un golpe de suerte pudiera pagar todo de una vez.

Joaquín tapaba un hoyo cavando otro, pidiendo dinero aquí y allá, mintiéndole a su mujer, sin poder parar de jugar y sin tratar de buscar el modo de pagar honestamente sus deudas.

En una auditoría de su empresa, salieron a la luz sus fraudes y si bien tuvieron compasión de él no metiéndolo en la cárcel, sí lo corrieron sin recomendación del trabajo, perdiendo además su antigüedad. Tuvo que buscar otro trabajo menos remunerado. Su angustia crecía y para salir de ella, además de jugar cartas, empezó a apostar en las carreras de caballos en donde a veces perdía y a veces ganaba siendo casi siempre más las pérdidas.

Cuando su ansiedad llegó a un clímax, su mujer se enteró de lo que pasaba y aunque lo apoyó, Joaquín no podía decidirse a dejar el juego y las apuestas.

Cada día la cosa empeoraba y llegó a pedirle a su mujer que coqueteara con sus amigos para conseguir que le prestaran dinero. Ese fue el fin para él; su esposa se indignó tanto que se llevó a los hijos y lo dejó solo. Él, en la soledad y perseguido por sus acreedores, se dio a la bebida y se convirtió en la sombra de lo que era.

Cuando llegó al Centro de Oración no lo reconocimos como el esposo de nuestra amiga. Estaba tan desesperado que nos dio miedo porque parecía capaz de cualquier cosa en esos momentos.

Empezó un proceso de curación. Por cuatro meses no ha jugado ni apostado. Su matrimonio sigue sin arreglarse, pero su esposa lo ve tan mejorado que ha permitido que sus hijos salgan con él. El futuro no lo conocemos, sólo lo conoce Dios, pero creemos que ya no necesitará vivir en la tensión y ansiedad de los jugadores.

Oración

Dios mío, estoy atrapado en la adicción del juego. Dependo verdaderamente de la emoción que me da estar en la cuerda floja.

Reconozco que por años he vivido pendiente del juego en lugar de usar toda mi energía en luchar por un futuro familiar y una seguridad económica que me permitiría gozar a mi familia y a la vida. He descuidado todo lo que tiene verdadero valor para dejarme ir por lo efímero y peligroso.

Quiero aprender a conquistar la felicidad y no a perderla en el juego; quiero tener el reto de ser cada día mejor y no de ganar una mano de cartas.

Ayúdame Tú, por favor, Señor.

Amén.

Acumular dinero

En nuestra cultura el proceso de acumular dinero se convierte en adictivo. Es progresivo: cada vez se necesita acumular más y más para alcanzar ese clímax que la adicción necesita, y, eventualmente, ninguna cantidad es suficiente. Las personas atrapadas en esta adicción buscan la solución de su ansiedad en ella y nunca enfrentan los sentimientos que llevan dentro.

A menudo no les importa el dinero en sí mismo; lo que los ocupa es la serie de acciones e interacciones envueltas en la acumulación de dinero.

La seguridad que el dinero trae consigo es deseada por todos, pero para algunos se convierte en algo que no se detiene: cuando se alcanza lo que ahora consideran meta quieren acumular más y más, poniendo en ello todas sus energías.

El adicto de esta clase nunca se sacia, siempre quiere más y hace del dinero un dios; todos sus esfuerzos se encaminan a conseguirlo y pareciera que jamás logrará lo que quiere.

Preparar la estrategia para ganar dinero los anima, la tensión que produce la espera los entusiasma, gozan paso a paso del proceso, sueñan de día y de noche en los negocios que les darán la seguridad que buscan y tras obtener el éxito, vuelven a empezar el proceso y nunca acaban. Sacrifican lo que les estorba en el camino: tiempo de descanso, diversión, vida familiar, etcétera.

Como acumular dinero nunca va a llenar el vacío que llevan dentro, buscan más dinero y el círculo vicioso nunca se termina.

El caso de Julián

Julián fue hijo de una familia de escasos recursos, pero frecuentaba escuelas y círculos donde iban niños que lo tenían todo. En el colegio se sentía fuera de lugar, especialmente cuando el dinero era importante para algún evento o cuando tenían que hacer trabajos de equipo en su casa. Muchas veces se decía a sí mismo: "Voy a estudiar y a ser el primero en la clase y cuando sea grande voy a tener más dinero que cualquiera de mis compañeros".

Cuando creció y terminó la carrera, siempre con las calificaciones más altas, consiguió un empleo con posibilidades de llegar muy lejos. Siempre fue diligente y muy responsable, jamás se permitió ningún despilfarro, ni ningún tiempo libre porque quería conseguir primero lo suficiente para sentirse bien y seguro entre los ricos.

No tardó mucho en poner su propia empresa y su posición económica era más que estable. Nunca se conformó con lo que tenía y seguía trabajando sin descanso.

Cuando se casó, con el pretexto de juntar un patrimonio familiar, las horas de trabajo aumentaron hasta incluir los fines de semana.

Todo lo que de niño soñó, ya lo tenía, y sin embargo seguía trabajando para acumular más dinero.

Todos los negocios que emprendía tenían éxito y en el fondo de su ser seguía el vacío que ni el éxito ni el dinero lograban llenar.

Después de una crisis en su matrimonio, quiso dejar de trabajar y de emprender nuevos negocios para dedicarle más tiempo a su familia y se dio cuenta con gran dolor de que no podía dejar de hacerlo. Cuando se tomaba el día, y salía con sus hijos o con su esposa sólo pensaba en sus negocios y con cualquier pretexto suspendía las vacaciones para emprender otro nuevo. Se dio cuenta de que esto se había convertido en una verdadera obsesión. No lo necesitaba, ya no le proporcionaba felicidad, pero no podía dejar de hacerlo. Hizo grandes esfuerzos con su voluntad, y descubrió que la fuerza que había tenido cuando joven para lograr lo que quería, ahora no le servía de nada en la lucha contra esta adicción. Estaba realmente desesperado.

Oración

Jesús, hasta hoy he considerado al dinero como a un dios y tengo que reconocer que no me ha dado la felicidad que yo buscaba. Sé que la muerte puede llegar para mí en cualquier momento y que va a acabar con mi esfuerzo de tantos años y que lo único que me quedará será Tu amor.

He dejado de vivir por acumular dinero y, si soy sincero, he perdido muchas oportunidades de disfrutar de lo que no se compra.

Necesito que el faro de mi vida seas Tú; que ilumines y transformes mi forma de ver las cosas y que me ayudes a valorar las cosas en su justa dimensión.

He oído decir muchas veces que todo es del color del cristal con que se mira; guíame para no ver a través del cristal del dinero, sino del cristal del amor. Enséñame a mirar a los demás según lo que son y no según lo que tienen. Ayúdame a saber que la felicidad está en que Tú transformes lo que soy, lo que siento y lo que doy.

Ya me di cuenta de que solo no puedo hacer nada. Cada vez que lo intento fracaso. A veces quiero darme por vencido y no luchar más, pero quiero quitar del centro de mi vida esta compulsión a hacer y hacer dinero. Quiero ponerte a Ti en el centro de mi vida para que del centro mismo de mi ser empiece a salir esa luz interior que ilumine mi camino.

Te lo ruego, Señor, escúchame.

Activismo

La adicción al activismo no se refiere a ningún trabajo o acción en particular, sino al movimiento constante, a la actividad creciente, no importa si es cambiante o si es la misma.

Imposibilita a la persona a reflexionar sobre cualquier cosa: a disfrutar la vida, a meditar, a leer, etcétera.

Cuando esta actividad es interferida aparecen los síntomas de la abstención. No estamos hablando aquí de una hiperactividad o hiperkinesia de origen neurológico, sino de la actividad que es claramente compulsiva y adictiva.

Las personas adictas al activismo no pueden quedarse quietas; siempre inventan qué hacer para evitar detenerse y correr el riesgo de tener tiempo para pensar.

Es necesario distinguir entre ser una persona activa, sana y entusiasta y tener adicción al activismo. La persona adicta no puede parar su actividad, no se da el gusto de sentarse a descansar, y como no puede hacerlo, arrastra con ella a cuantas personas están a su alcance. Por las noches está tan rendida que apenas pone la cabeza en la almohada ya está dormida. Pero si llega a despertar en la noche, empezará con un activismo mental planeando lo que hará al día siguiente, jamás se detendrá a pensar y a estar consigo misma. Todo su ser está programado para "hacer".

El caso de Rosario

Rosario es una buena esposa y una persona dedicada a su hogar. Se levanta la primera y se acuesta la última. Desde que suena el despertador empieza despertando a todo el mundo aunque sea domingo; no puede esperar que todos desayunen juntos y se tomen su tiempo, sino que los apura levantándolos y en el instante en que lo logra, quita las sábanas de la cama para que no tengan oportunidad de volver a ella. Va detrás de cada uno dando órdenes y recogiendo lo que encuentra a su paso.

Cuando toda su casa está perfecta, cambia los muebles de lugar, o los cuadros, o lo que sea.

Todos los días después de correr y no parar, corre a tomar cursos, va a las juntas o a llevar a sus hijos a clases de todo y hace malabarismos para que todo coincida y pueda terminar el recorrido con todos en casa.

Por las noches, o tiene compromiso para cenar, o cita con el grupo de amistades que se reúnen con seguridad para jugar, o lo que sea.

El caso es que no tiene un segundo libre y no lo quiere. Se pasa quejándose de todo el quehacer que tiene y de la falta de tiempo, pero en vez de disminuir actividades se va envolviendo cada vez en más.

La intimidad con su marido se ha restringido a sólo la comunicación de sus actividades. Cuando él trata de compartir algo, ella está tan ocupada que no tiene tiempo para oírlo. Lo mismo pasa con sus hijos; en esos momentos todos huyen para no verse envueltos en su activismo y ella no lo quiere ver, simplemente ve la paja en el ojo ajeno y no ve la viga en el propio.

Oración

Cuántas veces, Señor, he usado el mecanismo del activismo para huir de la realidad y no tener que pensar profundamente en nada. Esto me sirvió al principio, pero ahora reconozco que se ha convertido en adicción; ya no sólo no quiero pensar, sino que siento una emoción especial al querer compaginar todo lo que tengo que hacer y al final del día realizar un inventario de todas mis actividades.

Me veo envuelta en tantas cosas diferentes que siento una excitación rara provocada por el ir de una actividad a otra sin parar. Pareciera que tengo un motor interno que me impulsa a hacer, hacer, hacer.

Esto, me asusta, Jesús, porque ya está fuera del control de mi voluntad. Todos los días me propongo sentarme aunque sea unos minutos y meditar y no puedo. ¿Qué me pasa? ¿De qué huyo? Por favor, Señor, ayúdame a descubrirlo y a aprender a estar conmigo misma. No quiero seguir pensando que hacerlo es perder el tiempo.

Necesito aprender a detenerme y observar, gozar, sentir y conocer lo que hay dentro y fuera de mí. ¿Cómo voy a crecer como persona si jamás tengo tiempo para conocerme? Jesús, dame tu paz y regálame la gracia del conocimiento personal, del conocimiento de los demás y, sobre todo, quiero conocerte a Ti. Quiero decidir, detenerme y pensar.

Gracias Jesús.

Religiosidad

El término religión viene del latín *re-ligare* que quiere decir volverse a conectar. Así, la religión significa volverse a la fuente de la vida, reconectarse con el Creador; y no la práctica de una serie de rituales sin contenido espiritual y que es a los que Jesús se refería cuando hablaba de los fariseos de su época.

Cuando las prácticas religiosas van unidas a cambios del corazón, al deseo de perdón, a tratar de amar a las personas, a la lucha contra los resentimientos, hablamos de auténtica religión, no importa que haya fallas, ya que todos somos vulnerables y pecadores, pero vamos en camino hacia una conversión auténtica.

Pero cuántas personas se quedan en las prácticas, van a todos los grupos de oración que pueden, haciendo a un lado muchas veces a su familia y sus necesidades emocionales, físicas y económicas.

En esas prácticas y en la compañía de las personas en los grupos de oración las personas experimentan la sensación de anticipación de que algo grande va a pasar, de excitación, que es el corazón de la adicción y ya no van a la iglesia por buscar en verdad el encuentro, la intimidad con ese Dios que los ama.

Con las prácticas externas muchas veces estas personas

147

evitan enfrentar los cambios interiores que tienen que hacer. En ocasiones olvidan ahí su soledad y hasta sus obligaciones y se sienten bien y no pueden dejar de ir. Empiezan a sentir compulsión y como además su trabajo es aceptado reciben también la aceptación que andan buscando. El problema estriba en que en el momento en que ven la necesidad de dejarlo, encuentran que es parte de su vida y que no pueden hacerlo. Hacen otra cosa pero están pensando en el momento de volver a eso.

En estas personas además hay muchas veces incongruencia entre lo que predican y lo que viven. Pretenden siempre que los demás hagan lo que no pueden hacer ellas.

Oración

Señor, siempre he creído que mi religiosidad te ha buscado a Ti y hoy descubro que no es verdad.

Me he dado cuenta de que mi supuesta bondad y santidad, no es más que una búsqueda compulsiva de amor y aceptación.

Siento vergüenza al reconocer que mi religiosidad no me ha llevado por el camino de las virtudes y que nada ha cambiado en mí; sigo teniendo la mirada en mi persona y nunca te miro a Ti.

Todo lo que he hecho, oído o estudiado se ha quedado en conceptos y no ha habido una verdadera conversión.

Mi adicción me ha servido hasta hoy de escudo, para no pensar en mi realidad; de pantalla, para que los otros vean la imagen que he creado; y de poder, para estar y penetrar en las vidas de otros.

Perdón, Señor, porque te he puesto como alguien a mi servicio; porque te he tratado de manipular para que me concedas lo que yo quiero, y como pretexto para intervenir y aconsejar en las vidas de los demás.

Cámbiame, Señor, y ayúdame a tener esa religiosidad que transforme mi vida en lo que Tú quieres.

Amén.

Computadoras

Hasta hace relativamente pocos años, las computadoras eran tan enormes y tan poco accesibles para la mayoría de las personas que sólo algunas empresas las poseían.

Ahora el mercado está lleno de ellas y cada día son más pequeñas, más baratas y más accesibles.

Las computadoras son de gran utilidad para las grandes empresas y también los niños pequeños juegan con ellas. Lo cierto es que parece que esta generación está atada a las computadoras, algunos por necesidad, otros por diversión y muchísimos más por adicción.

El adicto a la computadora puede pasarse los días enteros frente a la pantalla, dedica su tiempo libre a ella, se emociona con ella y piensa sólo en comprar aditamentos para ella. Todo su pensamiento está en la computadora y toda su energía dedicada a ella.

La ansiedad que siente por estar en la computadora es la de cualquier adicto y los síntomas de la abstención son iguales también. Todo el en torno se esfuma ante el imán de la pantalla de la computadora.

El caso de Germán

Germán empezó a aficionarse a las computadoras hace cinco años. Tomó clases como un reto ya que muchos jóvenes, empleados suyos, manejaban muy bien las computadoras y no quería parecer un inepto.

Cuando entendió el manejo de la máquina, empezó a experimentar con ella. Compró cuanto libro y aditamento encontró. Al principio la computadora estaba en un rincón de su despacho y después construyó un cuarto especial para ella. No permite que nadie toque lo que tiene ahí, se enoja si alguien le mueve algo y lo que nunca hizo antes ahora lo hace por la computadora: limpia el cuarto. Muchas veces se sale del trabajo dejando cosas urgentes y se engaña a sí mismo diciendo que necesita trabajar en la computadora para resolver unos problemas de la empresa, cuando la verdad es que empieza a sentir la ansiedad por correr a usarla y se pone nervioso cuando no puede hacerlo.

La comunicación con la familia se ha roto porque lo único que quiere es aislarse para usar su computadora. Por las noches no sale y se va a su cuartito a trabajar. Cuando los domingos sus hijos llegan a comer lo único que desea es que se vayan para seguir haciendo lo mismo.

Su esposa, en vista de que sabe que él no saldrá hasta que se muera de sueño se va a sus reuniones y ya se ha acostumbrado a hacer todo sola y aunque bromea acerca de la adicción de su marido, en el fondo se siente profundamente enojada y rechazada.

Todos los planes que hace los hace sin consultar a su marido sabiendo que él está tan embebido en su adicción que ni siquiera notará que ella no está.

Oración

Señor, reconozco que tengo una verdadera adicción a la computadora y que me atrae de una forma enfermiza. Ya no sé divertirme o alejarme de ella. Me empiezo a dar cuenta de que siento una ansiedad muy grande cuando no puedo satisfacerla.

He puesto a esta máquina antes que a nadie, antes que a nada. Estoy perdiendo la capacidad de pensar y sacar conclusiones personales, porque hasta eso se lo he dejado a la computadora. En cierto modo la capacidad de decidir y optar también la he perdido y apenas me estoy dando cuenta.

Perdóname, Señor, por esta adicción que me está quitando mi libertad y me mantiene atado a ella.

Yo no quiero eso, no quiero mantenerla como un dios y depender de ella. Quiero ser dueño de mi vida.

Señor, ayúdame.

Chisme y crítica

Esta adicción se da en hombres y mujeres por igual. Las personas que piensan de sí mismas que siempre tienen la razón y que su verdad es la única se vuelven jueces de otros, y lo que en un principio fue un juicio en el interior, se convierte en hábito cuando lo empiezan a compartir con otras personas. Cuando menos lo esperan necesitan criticar y compartir esa crítica, convirtiendo el hábito poco a poco en adicción.

Los adictos de esta clase, buscan las reuniones para satisfacer la adicción, la motivación para asistir es la crítica y la oportunidad para ello es esperada con avidez.

Se vuelven indiscretos y aun las pláticas más intrascendentes se ven salpicadas de indirectas, sonrisas y actitudes que despiertan en sus interlocutores la curiosidad que ellos satisfacen aparentando hacerse del rogar, pero lo hacen para provocar la emoción que ellos necesitan.

La crítica lleva en sí misma una carga de desaprobación y la necesidad de compartirla es lo que les hace experimentar la emoción disimulada de acabar con alguien, con su buen nombre, con la estima que las personas le tienen, etcétera.

El caso de Rebeca

Rebeca aprendió desde niña a juzgar a los demás; se acostumbró a oír a su madre definir a las personas como buenas o malas, jamás se juzgaban los actos sino a las personas. Además, su padre era un hombre de juicios muy duros; para él no existían matices en nada.

En la escuela tenía fácilmente amigas que la buscaban pero que perdía también muy fácilmente por criticona, pues temían estar algún día en la mira y ser juzgadas.

Su manera de criticar era muy amena; hacía reír a todo el mundo porque escenificaba de manera graciosa sus críticas;

la crítica pasó a ser chisme porque todas las confidencias que oía las repetía en todos lados y a todas horas.

Se dio cuenta de su adicción cuando una amiga la confrontó y además la amenazó con dejarla en ridículo con todo el mundo. Se asustó por la amenaza y decidió dejar lo que ella creía que era sólo un hábito y vio que en realidad no podía cerrar la boca para criticar cada vez que hablaba. Se prometía a sí misma que no hablaría en las reuniones, que no diría nada y vio que su necesidad era más fuerte que su voluntad y a pesar de sentirse apenada por no poder evitarlo se encontró de nuevo gozando al ver lo que sus palabras causaban en otros. Sabe ya que es una adicción y sin embargo no puede dar los pasos necesarios para salir de ella.

Oración

Jesús, aunque ya no quisiera seguir criticando y faltando a la discreción no puedo hacer nada al respecto; estoy asustada.

He causado tanto daño con mi adicción que el solo reconocerlo me llena de miedo y vergüenza y sin embargo no puedo evitarlo.

He dividido familias, amistades y compañeros de trabajo; tengo más necesidad de hablar mal de la gente que de comer. Parecería que cuando critico o difamo a alguien recibiera fuerzas y energía nuevas.

Te pido perdón por haberme convertido en juez, sé que no tengo derecho, he tomado en mis manos la vida de otros y la he destrozado. Te pido perdón por no tener compasión, por no tener caridad para mi prójimo y por creer que los demás están mal y yo estoy bien.

Hoy reconozco ante Ti mi pecado y te pido que de alguna manera repares el mal que yo he hecho en especial en donde a mí no me es posible reparar nada.

Sana las heridas que yo abrí y dales a mis víctimas la oportunidad de rehacerse del daño que les he causado, y a mí,

dame la valentía de pedir perdón a quienes por mis palabras destrocé.
Libérame, Señor, de esta adicción.

Así sea.

Crimen

Terry Kellog, especialista en adicciones, habla de la alteración del estado de ánimo que experimenta el criminal repetitivo cuando planea y comete un crimen. Explica cómo el acto de robar, de asaltar, produce esa excitación buscada como fin principal en cualquier adicción y piensa que en las cárceles se debería tratar a los criminales como adictos y someterlos a programas de recuperación como los de AA.

De otra forma, no importa cuánto tiempo estén en la cárcel, cuando salgan volverán a asesinar por la sola emoción que sienten al hacerlo o lo harán dentro de ella. La condena en sí no es la solución, el adicto necesita sanar esas raíces que lo llevan a matar. Si no es así, será con seguridad un reincidente.

Oración

Jesús, quizá no sea yo un asesino(a), pero el poco amor que les he dado a mis hijos, los ha hecho sujetos de riesgo para ser adictos al crimen. Perdóname por lo que he hecho de ellos, ayúdalos a perdonarme y dales la oportunidad de ser libres no sólo de la cárcel sino de adicciones, libres para optar por el amor y la felicidad.

Amén.

Otras

Casi todo, sea sustancia o proceso, corre el peligro de convertirse en adictivo. Al mismo tiempo nada debe convertirse en adicción. En la mayoría de las ocasiones, los rituales, los sistemas que se desarrollan junto con la adicción son en realidad más importantes que esta.

Tenemos que reconocer la realidad de que vivimos en una sociedad adictiva, formada por individuos con adicciones.

La tentación está en todo lo que nos rodea. Por eso es importante abrir los ojos y darnos cuenta de las adicciones en las que hemos caído o estamos a punto de caer. Es importante reconocer que casi nunca aparece una adicción sola, a veces unas ocultan a otras que parecen ser más vergonzosas.

Cuántas veces parece haberse superado una adicción sólo para tener que reconocer que se ha caído en otra. Cambia el objeto de la adicción pero el proceso adictivo sigue funcionando.

En la mayoría de las clínicas de recuperación se tratan los síntomas, no la tendencia a la adicción. Por eso vemos que simplemente se cambian unas por otras. El alcohol por la comida; la comida por el cigarro; la bebida por el ejercicio; el tabaco por los chocolates o por la comida; el estrés por el ejercicio compulsivo y muchas veces aparecen adicciones múltiples y adicciones cruzadas.

Por eso lo importante es tratar al mismo tiempo los síntomas y la raíz, así como la tendencia a la adicción.

Como hemos podido ver a través de la descripción de estas adicciones la naturaleza compulsiva sale por todas partes.

El doctor George Vaillant de la Universidad de Harvard habla mucho de estas adicciones cruzadas, en las que se sale a veces de una para caer en otra.

¿Quién, al leer las descripciones de las adicciones, ha podido encontrar rasgos de una o varias de ellas en su propia persona?

Tenemos pues que reconocer que la adicción es el síntoma de una enfermedad que está dentro de uno.

Ejercicio:

1. Repasando las diferentes adicciones nombradas en este capítulo, ¿cuáles reconozco como actuando en mí?

2. Si reconozco una o varias, ¿qué sentimiento produce en mí el sentirme adicto?

CAPÍTULO 4

El proceso adictivo

Hemos visto en los capítulos anteriores que el ser humano está llamado a relacionarse sana e íntimamente consigo mismo, con los demás y con Dios.

Como no logra esto, intenta llenar esa necesidad, ese anhelo, ese vacío, con otras cosas, entre ellas con las adicciones. Al final se da cuenta de que esto no llena su vida, y en cambio lo sumerge cada vez más en la esclavitud.

Sin embargo, para entender por qué sucede esto analizaremos, en este y en el siguiente capítulo, las raíces y el desarrollo del proceso que nos lleva a la adicción.

Raíces

Las raíces del proceso adictivo podemos encontrarlas principalmente en el vacío que hay en el interior del ser humano;

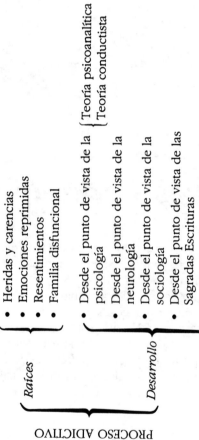

PROCESO ADICTIVO

Raíces
- Heridas y carencias
- Emociones reprimidas
- Resentimiento
- Familia disfuncional

Desarrollo
- Desde el punto de vista de la psicología
- Desde el punto de vista de la neurología
- Desde el punto de vista de la sociología
- Desde el punto de vista de las Sagradas Escrituras
- Desde el punto de vista de la teología

{ Teoría psicoanalítica
{ Teoría conductista

vacío que no ha sido llenado en la infancia; muchas veces no han sido satisfechas ni siquiera sus necesidades básicas. Además de las carencias físicas tiene otra serie de carencias afectivas que impiden el desarrollo normal del niño en el nivel emocional y hacen que su identidad no se forme adecuadamente, que crezca distorsionada o que no exista.

Además de las carencias, el niño experimenta muchas veces traumas, heridas y lastimaduras emocionales que producen un dolor tan intenso en él que necesita algo que anestesie en lo posible ese dolor y llene sus carencias.

Por otro lado, esas heridas y carencias provocan que el niño reprima sus emociones a tal grado que llega un momento en que no sabe ni siquiera que las tiene; sin embargo van inundando su alma de un caudal inconsciente de resentimientos que necesitan cubrirse con algo para poder ignorarse y sepultarse en el inconsciente.

Otra de las raíces del proceso adictivo es vivir en una familia disfuncional que ocasiona que el niño se confunda, juegue roles para adaptarse a la disfunción familiar, dude de sus percepciones, guarde secretos; en fin, todo lo que implica no vivir relaciones familiares sanas.

Falta de identidad. Heridas, traumas, carencias

Si hemos aceptado el hecho de que en el fondo de nuestro ser existe el anhelo de relacionarnos con los que nos rodean en forma sana, íntima, que nos haga sacar lo mejor de nosotros mismos y nos haga madurar y crecer, ¿por qué en la mayoría de los casos, ni siquiera nos damos cuenta de ese anhelo, de esa necesidad? Porque esa necesidad se hace consciente en nosotros en determinado nivel de maduración física, neurológica y psicológica. Esta necesidad aparece cuando nuestras necesidades básicas anteriores han sido satisfechas (como la necesidad de comer, estar limpio, etcétera) poco a poco surge la necesidad de ser amados por nuestros padres, hermanos y los demás que nos rodean. Es a través de ellos que el niño empieza a saber quién es y su "sí mismo" empieza a madurar. Cuando no recibe ese amor y aceptación incondicional, surge su "sí mismo codependiente" o falso, que quiere llenar las expectativas de los demás.

Este proceso ha sido descrito ampliamente en nuestro libro *Quiero ser libre*

Es en estos momentos en que el niño empieza a formar su identidad. Si su "sí mismo real" no es aceptado y empieza a nacer el "sí mismo codependiente" el pequeño nunca llega a saber quién es.

Es esta falta de identidad, esa falta de relación con él mismo, la que va dejando un vacío, un hueco que inútilmente trataremos de llenar durante toda nuestra vida con relaciones adictivas, relaciones codependientes o adicciones a sustancias y procesos.

Si somos realistas tenemos que reconocer que esta falta de identidad está creciendo como resultado de nuestra cultura. La identidad se construye poco a poco. Hay que poner el primer ladrillo para después poner otro encima.

Nuestra cultura afirma a las personas por lo que hacen, por lo que logran y no por lo que son. Para lograr la intimidad conmigo mismo, con los demás y con Dios, la parte que yo ofrezco es lo que soy. ¿Qué sucede si no sé lo que soy verdaderamente? Estaré imposibilitado para relacionarme íntimamente.

¿Qué sucede cuando los padres del niño, aquellos que deben ayudarlo a formar su identidad, tampoco saben quiénes son y en lugar de llenar las necesidades básicas del niño y afirmarlo le hacen sentir que no sirve? En vez de que los mayores sean quienes protejan al niño, es este el que empieza a defenderse a través de su "sí mismo codependiente" de los exabruptos y las fallas de sus padres. Su "sí mismo" se esconde, se avergüenza, siente que no lo aceptan y no lo aman.

Y qué decir cuando en lugar de proteger a sus hijos son los mismos padres quienes abusan de ellos en forma verbal (gritos, amenazas, insultos, etcétera) en forma física (castigos, golpes, encierro, etcétera) o en forma sexual a través de violación, incesto, en forma de alianza emocional con el hijo del sexo contrario, de sustitución de roles, donde la hija tiene que hacer el papel de la madre o el hijo actuar como si fuera el esposo, suplantando al padre que es adicto, no existe, no está o no cuenta.

Cuando esto sucede, los límites corporales del niño han sido violados. Le es robado el derecho a decir no. Crece confundido, ya no sabe qué está bien y qué está mal, qué es normal y qué no lo es. Además siente en el fondo vergüenza de sí mismo como si fuera él, el malo, el defectuoso. Se borran los límites de protección de su persona y empieza a tener conductas adictivas. El abuso es algo que se tiende a negar, independientemente del nivel del abuso. El problema de esta negación es que produce vergüenza en el niño y este reprime esta vergüenza o la internaliza y esos sentimientos malos acerca de sí mismo se convierten en parte de su identidad, en odio a sí mismo.

Con la negación no hay posibilidad de curación del abuso, el niño cree que lo malo es lo que él es, no lo que ha pasado o el hecho de que sus padres hayan abusado de él.

Los niños son objeto de la furia, de la frustración, de las necesidades de los padres. Muchos padres sienten que los hijos son de su propiedad y no son un tesoro entregado a su cuidado.

Se estima que un 75 por ciento de las mujeres que ingresan a los centros de tratamiento de drogadicción en Estados Unidos fueron víctimas de abuso sexual cuando niñas y en el 50 por ciento de los casos el abuso fue realizado por miembros de su familia.

La reacción de vergüenza que la víctima experimenta ante el abuso sexual se complica porque siente que tiene que guardar el secreto, que nadie le va a creer y que su dolor no le importa a nadie. Empieza a reprimir, a enterrar el dolor y a culparse a sí misma. Actualmente este abuso sexual lastima igualmente a los niños. Todos sabemos de centros y de escuelas donde algún adulto ha mantenido en secreto el abuso que cometía contra los niños y cómo los obligaba a callar.

Se ha visto la necesidad de hacer campañas en radio y televisión para proteger a los niños y niñas de ese abuso de los adultos que los engañan. Sin embargo, la falta de conocimiento claro de lo que está bien y lo que no está bien hace que muchos niños se cuiden de los extraños pero no sepan protegerse de sus propios padres y familiares.

Si los niños se sintieran aceptados y amados incondicionalmente, no dudarían en comentar o hablar de su experiencia libremente y así se podría realmente protegerlos. Sin embargo, todos hemos sabido de casos en que el padre abusa de la hija y la madre lo calla, ¿cómo es posible? Al hablar de la codependencia recuerden que dijimos que es una enfermedad que se caracteriza por tolerar lo intolerable. La madre por su codependencia y su miedo al esposo o al abandono de este, permite algo increíble, convirtiéndose así en cómplice del abuso.

¿Qué clase de identidad puede tener esa criatura?, ¿qué concepto del amor puede caber en su corazón y en su mente? Lo más seguro es que se case con alguien semejante al padre y siga repitiendo la historia.

Ahora que esos casos han dejado de ser secreto, puede seguirse el camino que vive la víctima.

1. Recibe una profunda herida emocional y tiene la sensación interna de haber sido marcada para siempre.

2. Toma la resolución de no contarlo a nadie.

3. Intenta sepultar el episodio en el inconsciente.

4. Se dañan para siempre las relaciones adultas con hombre o mujer autores del abuso.

5. Aparecen graves problemas de desconfianza y falta de intimidad con las personas de ambos sexos. Uno porque la dañó, otro porque no la protegió.

6. El suicidio se contempla en ocasiones como solución.

Como vemos, sea cual sea la razón por la cual el ser humano no tiene un sentido de identidad, no sabe quién es, no se siente básicamente amado y aceptado, el resultado es la soledad, el vacío, la incapacidad de lograr la intimidad.

Otra de las heridas que dañan profundamente al ser humano es el rechazo. Cuando los padres no han deseado el nacimiento de un hijo, el hijo lo siente en el fondo de su ser y crece con el sentimiento de no haber sido oportuno, deseado, del sexo esperado, en fin, de no haber sido aceptado tal cual es. Va a tratar toda su vida de ganarse el aprecio de sus padres o se va a rebelar contra ellos, o aparecerá en él cualquier otra conducta difícil.

Hemos sido testigos del sufrimiento de padres que han adoptado hijos, y del sufrimiento de estos, que a pesar de todo el amor que los padres adoptivos les den, en el fondo de su ser sienten que no valen, porque han sido abandonados por los padres que les dieron la vida.

Otro trauma de consecuencias serias es el abandono. Recordamos a un niño que sentía un gran rechazo por las mujeres, porque su madre lo había abandonado. Se necesitó mucho amor, mucha paciencia y mucho tiempo para que él empezara a confiar en una mujer. Y fue sólo a través del amor que recibió de sus terapeutas mujeres en la escuela que pudo perdonar poco a poco el abandono de su propia madre.

Las heridas que causan en el niño la separación o el

divorcio de sus padres es muy seria y a veces no se le da la importancia debida y el tratamiento adecuado. No se percibe que el niño se siente muchas veces culpable de la separación. Como los sentimientos de los padres son en estas circunstancias tan confusos, no se dan cuenta de los sentimientos de los hijos; no logran separar sus problemas de los de ellos, haciéndoles ver que la separación se debe a problemas de relación entre los padres y que el niño no es el causante.

Emociones y sentimientos reprimidos

Otra de las raíces del proceso adictivo son las emociones reprimidas.

Las emociones que más intervienen en un proceso adictivo son las de enojo, miedo y culpa. Algunos psicólogos hablan extensamente de la vergüenza como una emoción que está en la raíz de toda adicción.

Nosotras queremos compartir nuestra experiencia acerca de la relación que estas emociones básicas tienen con las adicciones, del manejo de dichas emociones y la curación de las mismas. Hablaremos en general de las emociones y luego tomaremos cada una por separado.

La palabra emoción viene del latín *ex motus* que quiere decir: motor, movimiento. Emoción es la energía de nuestro cuerpo en movimiento.

Por su forma de energía, nuestras emociones son físicas y se expresan en el cuerpo antes de que nuestra conciencia se dé cuenta de ellas. Las emociones son nuestras energías fundamentales. Las tenemos para ayudarnos a detectar nuestras necesidades básicas igual que nuestras carencias. Cuando no nos preocupamos de llenar esas necesidades, nuestras emociones nos sirven de señal. Estas señales que nos trasmiten deben ser escuchadas pues son significativas para nuestra salud integral.

Silvan Tomkins, un psicólogo que se ha especializado en el estudio de las emociones, las llama "nuestros motores innatos". Sirven para intensificar y dar riqueza a nuestras vidas. "Sin emoción nada realmente importa, con emoción, casi todo tiene importancia."

Conrad Baars, otro psicólogo que ha escrito mucho sobre las emociones, las llama "motores que causan movimiento", pues dice que nos dan energía para la acción. También las describe como: "reacciones psíquicas de nuestro ser al mundo que nos rodea y a nuestro mundo interior".

En sí mismas las emociones no son ni "buenas" ni "malas", simplemente *son*. Pero como las emociones nos llevan a la acción, es esta acción la que en un momento dado puede ser buena o mala.

Lo más importante al hablar de emociones es que nosotros sepamos hacer la diferencia entre "sentir" y "actuar". Podemos y debemos darnos permiso de "sentir" nuestras emociones. En nuestras manos está el decidir "actuar" o no, sobre alguna emoción. Pues no es lo mismo "sentir" que "consentir".

Este punto es básico para *nosotras*, pues muchas veces hemos acompañado a personas que están muy enojadas, tienen miedo o se sienten culpables, a reconocer esta emoción para después poder sentirse dueñas de sí mismas y tomar delante de Dios la decisión de manejar adecuadamente esa situación, buscando el bien verdadero de ellas mismas y de los demás.

Es difícil aceptar nuestras emociones pues desde niños las hemos reprimido; nuestros padres las reprimieron y no nos dieron permiso de expresarlas. Una de las reglas de las familias disfuncionales es la de "no sentir".

Cuando una persona codependiente o adicta llega al Centro de Oración, normalmente niega sus verdaderas emociones. Cuando empiezan a brotar, después de que la persona se siente amada y atendida, se da permiso para *sentir* a pesar de que el bloqueo de las emociones es a veces muy profundo.

En nuestro libro, *Quiero ser libre*, comparamos a las emociones con un caballo brioso, que debe ser guiado por un jinete que es la voluntad. También podemos decir que son como el contenido de una olla express que corre el peligro de explotar cuando no funciona bien la válvula de escape. Las emociones que por largo tiempo se guardan dentro de nosotros y no tienen salida, pueden ser la causa de múltiples enfermedades, porque son energía que desde adentro de nosotros clama por ser liberada.

Hay psicólogos que hablan de las emociones reprimidas como "dolor original". Y dicen que hay que ayudar a las personas a sacar este dolor que viene desde el origen de la vida. La realidad es que las emociones que han sido reprimidas por muchos años causan un daño muy profundo.

Cuando no hemos sido enseñados a expresar nuestras emociones, lo hacemos de dos maneras: reprimiéndolas o actuando en forma explosiva.

Lo ideal es ir aprendiendo a hacernos amigos de nuestras emociones. El proceso de reconocerlas, sentirlas, escucharlas, aceptarlas y manejarlas nos ayuda a tener una vida emocional bien equilibrada e integrada.

Las emociones bien manejadas nos ayudan a tener una vida realmente humana y de gran riqueza y nos ayudan a experimentar la felicidad que Dios planeó para nosotros. Deben ser guiadas por la razón y encauzadas por la voluntad, las dos grandes "fuerzas motrices" del hombre.

Este proceso de manejo y curación de las emociones se inicia cuando dejamos de reprimir y en cambio reconocemos y le damos nombre a alguna "emoción".

Se hace posible cuando la persona se siente en confianza y puede ser escuchada con amor y sin juicio por una o dos personas.

Normalmente nosotros la situamos con su fe y su imaginación en la presencia de Jesús y le recordamos que Su Corazón es el mejor lugar en donde podemos depositar esas emociones que surgen y que son para nosotros destructivas.

El Corazón de Jesús es el gran motor transformador de todo lo que nos molesta o nos causa daño. Él recibe lo que le entregamos y nos da Su ayuda para verlo y manejarlo en forma constructiva. Si le damos nuestro miedo, Él nos da Su seguridad y Su paz.

Para que se dé una verdadera curación de las emociones es necesario perdonar. Cuando expresamos nuestro enojo, miedo, culpa, etcétera, normalmente reconocemos que hay personas contra las cuales van dirigidos estos sentimientos. Dedicaremos un capítulo al perdón, pues es la base de nuestra salud integral.

Después de perdonar, se cierra el círculo de la curación al decidir actuar impulsados por la voluntad. Este perdón nos da la posibilidad de estar abiertos a actuar poniendo en práctica las virtudes de la paciencia, la magnanimidad, la generosidad, la compasión, la mansedumbre, etcétera.

Este proceso culmina pidiéndole a Jesús la gracia de poder actuar conforme a Su Voluntad.

Si aprendemos a hacer esto cada vez que surge una emoción, tendremos una vida equilibrada y sana.

A continuación trataremos cada emoción por separado, explicando las diferencias que hay en el manejo de cada una de ellas.

Enojo

Vimos que en las raíces del proceso adictivo están las emociones reprimidas. Una de ellas es el enojo.

Según el psicólogo Silvan Tomkins, el enojo es una emoción primaria motivadora. Es una señal que nos ayuda a conocer lo que está mal en nosotros o en los demás.

También nos ayuda a detectar problemas que tienen que ser solucionados y excesos que deben ser evitados. El enojo bien encauzado nos ayuda a cambiar lo que debe ser cambiado y nos da la energía para hacerlo.

Cuando los adictos y codependientes no pueden llenar la intimidad con relaciones sanas, experimentan gran frustración e impotencia que se manifiesta en enojo hacia los demás y a veces hacia Dios. También tienen mucho enojo hacia ellos mismos.

Algunos adictos reprimen el enojo. Se presentan ante los demás con una máscara de sonrisa. Su enojo sólo se manifiesta en diferentes enfermedades físicas y psicosomáticas que van desde las más sencillas hasta las más graves. Todo el estado general de la persona se deteriora, pues con el tiempo la mente se vuelve como una bodega de memorias negativas y resentimientos. Todos estos sentimientos y conflictos no resueltos se van guardando por días, meses y años.

Los síntomas de enojo reprimido son:

1. Un temperamento que explota ante cualquier provocación, por sencilla que sea.
2. Sentimientos de decepción con respecto a otras personas y un sentimiento de haber sido traicionados.
3. El huir de parientes y amigos.
4. Subir y/o bajar de peso sin control.
5. Dolores crónicos de cabeza, espalda, estómago y otros.
6. Disminución de las emociones positivas: gozo y amor.

El enojo se reprime porque desde que somos pequeños nos han dicho que no es bueno sentirnos enojados ni decir que lo estamos. Si somos religiosos es más fuerte esta idea en nosotros.

Por eso, primero debemos entender que el enojo es un instrumento que forma parte de nuestra naturaleza humana y que puede ser usado para un propósito positivo. Luego podemos empezar a decirnos a nosotros mismos: "Yo puedo sentirme enojado(a)." Este es un paso interno que nos da seguridad.

Otras veces encontramos que el enojo se proyecta en formas desordenadas, pues se manifiesta explosivamente y se dirige a personas que no son precisamente responsables de la situación.

Como es tan difícil expresar el enojo adecuadamente (pues una característica de los adictos y codependientes es precisamente esta incapacidad para encontrar el equilibrio), es importante ayudar a las personas a encontrar el clima de amor, respeto y comprensión en donde pueden aprender a manifestarlo.

No es aconsejable que las personas de inmediato expresen su enojo. Todo tiene su tiempo y lo primero es permitirse reconocer esta emoción.

La psicología actual y algunos centros de tratamientos enseñan a las personas a expresar su enojo. Entre ellas existen las técnicas de gritar, golpear cosas, expresar el enojo físicamente mientras otros te sostienen, terapia psicocorporal, Gestalt, etcétera.

Nuestra experiencia en el Centro de Oración es que podemos expresar el enojo directamente a Dios y esto puede hacerse a solas o en compañía de una o dos personas confiables que nos amen y puedan escuchar sin juicio.

Es importante que esas personas tengan paciencia y sepan escuchar, pues cuando este proceso se acelera o se interrumpe corremos el peligro de dejar parte del enojo reprimido dentro de nosotros y de no llegar a la raíz de nuestro enojo que es la meta del proceso de curación.

Al expresar el enojo a Jesús en este ambiente de amor, nos podemos dar cuenta de dos cosas: por qué y con quién estamos enojados.

Cuando nosotros invitamos, en la terapia de oración, a las personas a expresar su enojo a Jesús, lo hacemos porque sabemos que Él es Dios, nos ama y recibe en Su Corazón todo lo que queremos entregarle.

Pedimos a las personas ponerle nombre a su enojo. Pueden decir por ejemplo: "Jesús, estoy muy enojado" o "me enoja tal o cual situación o actitud", etcétera. Descubrimos al expresar esto que no sólo vemos más claramente lo que sucede, sino que Jesús tiene poder para ayudarnos a cambiar.

La diferencia con una terapia normal, es que muchas veces en esta sacamos sentimientos, pero no logramos cambios. Sacamos la energía negativa de nuestro cuerpo pero esto no es suficiente para sanar la herida. Si esa herida queda abierta en el presente, situaciones semejantes pueden ser campo fértil para que cosas insignificantes puedan producir enojos excesivos. Al no meternos en la dimensión espiritual dejamos una parte de nuestro ser sin integrar.

En presencia de Jesús podemos tomarnos el tiempo que necesitamos para decirle no sólo cómo nos sentimos, sino qué dificultades tenemos para actuar y cómo queremos ser ayudados.

Jesús tiene poder para hacer nuevas todas las cosas. Él transforma nuestro enojo destructivo y puede convertirlo en una fuerza creativa para el bien. Esto lo hace a través del perdón.

Normalmente al darnos cuenta de que estamos enojados, descubrimos que hay disgusto, molestia o falta de aceptación a nosotros mismos, a otro o a Dios. Vemos que hay que perdonar y a eso nos invita y ayuda Jesús. (El proceso del perdón completo está en el capítulo sobre el perdón.)

Cuando, con Jesús, reconocemos, sentimos, expresamos y entregamos nuestro enojo y perdonamos a quien necesitamos perdonar, recibimos la fuerza para cambiar y se sanan nuestras emociones.

Al compartir con Jesús nos damos cuenta de que a Él le enojan también algunas de las situaciones y actitudes que a nosotros nos causan enojo: violación, abuso sexual, injusticia, robo, aborto, rechazo, etcétera. Él recibe nuestro dolor y lo une al suyo para entregárselo al Padre y darle un sentido nuevo. Sólo entonces podemos decidir libremente qué queremos hacer. Se nos presenta la oportunidad de actuar y de usar nuestra voluntad para nuestro bien verdadero y el de los demás.

Culpa

Los adictos y codependientes tienen normalmente muchos sentimientos de culpa. Estos vienen cuando sus pensamientos y/o actitudes no están a la altura de sus ideales. Esto les causa enojo contra sí mismos y este enojo o desaprobación se convierten en culpa.

Muchas son las circunstancias que pueden causarles culpa a las personas: lo que hacen, lo que dicen, lo que dejan de hacer o de decir, lo que son, lo que no pueden ser, lo que los demás hacen, dicen o dejan de hacer, etcétera. También pueden tener culpa por lo que los demás piensan o dicen de ellos; por el mal uso del tiempo o del dinero; por las decisiones que consideran inadecuadas, etcétera.

Lo que es una realidad es que no hay vida sin conflicto y no hay conflicto sin culpa. Por eso los seres humanos viven rodeados o sumergidos en ella.

Como hay culpa falsa y culpa verdadera, lo primero que tenemos que hacer es ayudar a la persona a darse cuenta de la diferencia.

La culpa verdadera es el reproche que nuestra conciencia nos hace cuando hemos hecho algo que nos daña a nosotros o a los demás. Esta culpa es una señal que nos informa, al igual que una luz roja en el tablero de un coche, que algo anda mal.

En este sentido es sana y sirve a nuestros intereses porque nos ayuda a enmendar nuestra conducta y a corregir nuestros errores. Podemos hablar, por lo tanto, de un proceso de responsabilidad, confrontación y desprendimiento del pasado que profundiza nuestras acciones en el presente.

La culpa verdadera nos abre el camino para el autoconocimiento, para resolver las dificultades, mejorar las relaciones, crecer y madurar. Esta culpa es algo muy diferente de aquel peso que nos aplasta por miedo a la desaprobación de los hombres o al juicio de la sociedad. Nos volvemos independientes de ambos en la medida en que dependemos de Dios.

Cuando una persona viene al Centro de Oración y relata su historia, muchas veces se da cuenta de que se siente culpable. Le ayudamos a ver si su culpa es falsa o verdadera. Si es verdadera, puede platicar en presencia de Jesús para sacar su emoción y entregársela a Él. Puede, en su presencia, pedir perdón a aquellos a quienes haya ofendido. Jesús le ayuda a perdonarse a sí misma porque Él primero la perdonó igual que lo hizo con el buen ladrón o la mujer adúltera. Luego puede aceptar el perdón de Dios.

Para nosotras, la culpa verdadera sólo se cura con la gracia. Se quita únicamente cuando tomamos en cuenta que somos seres humanos compuestos de cuerpo, mente y espíritu y que es en esta dimensión espiritual en la que somos liberados.

La solución al problema de la culpa, tanto desde el punto de vista psicológico como espiritual es la aceptación de nuestra responsabilidad, el reconocimiento sincero de la misma, el arrepentimiento y la recepción del perdón de Dios.

La culpa falsa, como la llama el psiquiatra Paul Tournier, es el reproche que las demás personas nos hacen a través de su propio juicio. Muchas veces los hombres tratan de expresar a través de su juicio, el juicio de Dios. Por eso hay tantas culpas falsas que nos vienen de los juicios humanos que se entrelazan peligrosa y dolorosamente con la culpa verdadera y nos confunden.

Esta culpa hace que nuestros miedos y nuestras faltas se exageren y que la felicidad y la bondad pasen a un segundo término o se olviden. El resultado es muy negativo. Cuando nos invade esta culpa decimos "no" a la vida y entramos en depresión, fatiga, negativismo y tristeza.

En su libro sobre la culpa, la psicóloga Joan Borysenko nos habla de veintiún características de las personas que tienen culpa falsa. Vamos a nombrar las que comúnmente vemos en personas adictas y codependientes:

1. Personas que se preocupan mucho y por todo.
2. Personas que hacen más de lo que pueden o deben hacer. Ayudan más allá de sus posibilidades.
3. Siempre piden disculpas por todo.
4. Siempre se culpan por todo lo negativo que ocurre a su alrededor.
5. Se sienten ansiosas y con estrés.
6. Son perfeccionistas y no pueden soportar las críticas aunque sean constructivas.
7. No aceptan que alguien les diga nada que sea positivo o agradable sobre sí mismas o su actuación.
8. Se preocupan mucho de lo que los demás piensen de ellas.
9. No pueden decir tranquilamente "no".

La culpa falsa hace que la vida gire alrededor de la necesidad de evitar el miedo en vez de compartir el amor. La culpa falsa nos paraliza. Es muy negativa porque nos cierra al amor de los demás y de Dios.

Cuando una persona relata su historia y vemos que tiene culpa falsa le pedimos que la reconozca y la rechace. De ese modo deja de tener poder sobre su vida. Al entregarle las culpas falsas a Jesús, estas se disipan y nos dejan libres.

La culpa reprimida nos lleva al enojo, a la rebeldía, al

miedo, a la ansiedad, al adormecimiento de la conciencia, a la depresión. Si es reconocida delante de un Dios de amor, nos lleva al arrepentimiento, al perdón, a un progresivo refinamiento de la conciencia y a la paz.

La paz nos llega después de reconocer la culpa y de confesarla. Se mantiene la paz cuando reparamos la falta. En la Iglesia Católica tenemos el gran instrumento que es el Sacramento de la Confesión (Reconciliación).

Miedo

El miedo es una emoción primaria que se encuentra de una u otra forma, en casi todo ser humano, y se manifiesta de manera especial en los codependientes y en los adictos.

Desde que nacemos o a veces desde el seno materno, estamos expuestos a situaciones que nos producen miedo, siendo uno de los primeros el miedo a nacer.

El miedo puede ser útil o destructivo en nuestra vida. Es útil cuando nos ayuda a darnos cuenta de un peligro y por lo tanto nos protege. Este miedo lo podemos comparar con un perro guardián: si está bien entrenado, puede protegernos de los intrusos. Algunos perros guardianes cuando son heroicos han salvado la vida de sus amos. Pero los que sólo saben atacar o intimidar a los demás y no son obedientes y disciplinados, sólo contienen una fuerza destructiva y sin dirección dentro de sí mismos.

Cuando el miedo no es usado en forma adecuada, controla nuestra vida. Y entonces se vuelve destructivo, porque es un miedo irracional. Este tipo de miedo nos paraliza. Hemos visto cómo las personas pueden tener miedo de todo y de todos. Se puede manifestar como miedo al rechazo, miedo al futuro, miedo a la oscuridad, miedo a la gente, miedo al abandono, miedo a la muerte, y algunas veces tiene manifestaciones físicas: sudor, dolor de estómago, escalofrío, etcétera.

Cuando una persona relata su historia, una de las emociones que primero reconoce es la angustia, pues detrás de la angustia normalmente se esconde algún tipo de miedo. Por ejemplo, la angustia por una enfermedad puede ser expresión de nuestro miedo a la muerte.

Es difícil para los adictos reconocer el miedo, que se presenta de tan diferentes maneras. El problema viene de muy atrás en sus vidas: muchas veces tiene su origen en el sistema disfuncional en donde hubieron carencias e inseguridad. Toda inseguridad nos causa miedo pues nos hace sentir desprotegidos y sin recursos para salir adelante.

Las vidas de los adictos y codependientes normalmente son caóticas e impredecibles. Nunca saben qué va a suceder mañana y siempre están en espera de algún problema nuevo que pueda surgir. Por todo esto el miedo se va reprimiendo y puede ser de tantos tipos como se quiera imaginar y tan profundo como sean las circunstancias de cada situación.

El miedo reprimido es mucho muy destructivo, o causa una muy grande parálisis que incapacita para la acción, o explota en formas sumamente negativas. También puede ser la causa de varias enfermedades físicas o psicosomáticas.

Cuando una persona, a la cual se le escucha activamente, puede reconocer su miedo y ponerle nombre, ha dado el primer paso para sanar.

Después puede analizar si hay un aspecto positivo que su miedo le descubra y así aprender algo nuevo. Por ejemplo: un adicto al alcohol puede tener miedo a morir de cirrosis. Este miedo puede ser positivo porque le dice: "cuidado con tu salud", "esto que haces puede causarte una enfermedad". Pero este miedo puede unirse a otro: "miedo al abandono". Al ponerle nombre puede ver que el segundo miedo es más profundo porque quizá está unido a una herida antigua que sufrió de pequeño que fue el abandono real de su padre. Este segundo miedo quizá explique el por qué de su

175

alcoholismo. Poder expresar este miedo en presencia de Jesús le va a ayudar a recibir el amor que nunca tuvo de su padre, y así irá sanando su herida.

En las heridas de nuestra vida se meten los miedos. Cuando no sanan las heridas, los miedos se hacen cada vez más grandes y se unen a otros miedos y nos controlan.

Cuando los nombramos, y dejamos que Jesús los sane dándonos su amor, se aleja de nosotros el miedo.

Una de las formas como podemos recibir el amor de Dios es a través de las palabras de la Sagrada Escritura. En el capítulo 4, 18 de la 1ª Carta de san Juan leemos: "No hay temor en el amor porque el amor perfecto expulsa el temor". Al escuchar y repetir esta Palabra, no sólo somos sanados sino que somos liberados y recibimos la confianza que necesitamos para salir adelante.

También cuando expresamos nuestro miedo y se lo entregamos a Dios, a veces hay que perdonar a quienes causaron este miedo para poder quedar libres de él.

Otras veces encontramos un miedo heredado o aprendido, como sucedía en el caso de una persona que tenía "miedo a la infidelidad". Descubrió que su bisabuela había tenido este miedo, lo mismo que su abuela y ahora ella y su hija lo tenían también. En oración le pedimos a Jesús que cortara todo miedo que viniera de los antepasados para que pudieran ser libres para vivir en confianza y en paz.

Cuando el miedo es causado por experiencias reales, hay que pedir a Jesús que sane nuestra herida a través del proceso de curación interior, que ya hemos explicado en nuestro libro *Quiero ser libre*.

Vergüenza

La vergüenza es una emoción que está en la raíz de las adicciones, por eso las personas adictas o codependientes la experimentan en diversos grados.

El psicólogo John Bradshaw, en varios de sus libros, pero sobre todo en *Healing the shame that binds you* (Sanando la vergüenza que te ata), habla extensamente de esta emoción. Para él existe una "vergüenza sana" que define como "aquella que nos hace saber que somos limitados, o sea humanos". Dice que la vergüenza sana es como una luz preventiva en el camino que nos habla de nuestra limitación y por lo tanto nos ayuda a no desgastarnos tratando de alcanzar metas que no podemos lograr o cambiar cosas que no está en nuestras manos cambiar. Él la llama "la base de la virtud de la humildad".

A la vergüenza negativa la llama "tóxica" y la define así:

> Es una sensación profunda de estar manchado o defectuoso como persona. Por lo tanto se convierte en una identidad. Se tiene la sensación de haber fallado, de no ser adecuado y de no valer como ser humano. Es la ruptura del ser consigo mismo.

Nosotras hemos visto, al tratar personas adictas y codependientes, que la vergüenza se encuentra en la raíz y alimenta toda adicción. Sin embargo, no estamos de acuerdo con John Bradshaw y algunos psicólogos que como él, ven un lado positivo a la vergüenza.

Para nosotras la vergüenza es una emoción que siempre es "tóxica", porque nos causa mucha destrucción y se une a otras emociones negativas en la medida en que es internalizada. Hemos visto que las personas que experimentan vergüenza se sienten defectuosas, separadas, manchadas, solas, tristes y sin salida. Es tan intolerable que requiere una máscara (un yo falso) para sobrevivir. Al tratar de actuar con un "yo falso", las personas se deshumanizan o se vuelven excesivamente rescatadoras.

Para nosotras la base de la humildad es la verdad, y a eso que Bradshaw llama "vergüenza sana", le llamaríamos "conciencia de nuestra limitación".

Desde la creación, el hombre no estuvo satisfecho con su propio ser y quiso ser más de lo que realmente era. Al no querer aceptar sus limitaciones y su condición humana, perdió el sentido de su propia naturaleza. El hombre encontró su verdadera dimensión cuando Dios le reveló su verdad y él aceptó con humildad que era una criatura limitada pero a la vez muy amada. Fue el orgullo y no la vergüenza la raíz del pecado original. El orgullo se contrarresta con la humildad y la humildad se apoya en la verdad.

Cuando una persona adicta o codependiente reconoce que tiene vergüenza, puede expresarla igual que las demás emociones —miedo, culpa, enojo— a Jesús, en presencia de una o dos personas que puedan escucharla y servirle de "puente". Es importante descubrir si la vergüenza es heredada (historia de abortos, infidelidad, alcoholismo, etcétera, en la familia), pues muchas veces responde a un patrón de familia que es perpetuado por generaciones.

Si es así podemos orar para cortar, en nombre de Jesús, este patrón generacional con el objeto de que deje de actuar en la persona. Sólo en presencia de un Dios de amor podemos ser sanados de la vergüenza. Podemos recibir el amor que nos faltó en cualquier momento de nuestra vida (esto se llama curación interior) y de esto hablamos en nuestro libro, *Quiero ser libre*, en el capítulo de la curación interior.

La vergüenza se sana con el amor incondicional de Dios que puede llenar los huecos de nuestra existencia, en donde no hayamos podido recibirlo y se afianza con el amor humano real y concreto.

De la vergüenza necesitamos también ser liberados a través de la curación de nuestras heridas.

Con la vergüenza se siguen los mismos pasos que con las demás emociones: culpa, enojo, miedo. Se reconoce, se siente y se expresa delante de Jesús. Aquí es muy importante, por medio de la oración de curación interior, sanar la herida que provocó la vergüenza. (Una de las heridas que más produce vergüenza es la del abandono, otras pueden ser rechazo, abuso, divorcio, etc.) Después es necesario perdonar a las personas que la causaron, estén vivas o muertas. Y de este modo, por fin, aceptar el amor de Dios que puede entrar en todas las áreas de la vida de una persona que desea ser llenada de Él.

Esta curación interior toma tiempo pues así como la vergüenza estuvo por años actuando negativamente, así requiere paciencia para que la persona se acostumbre a dejarse amar y a aceptar el amor.

Tenemos en nuestra sociedad adictiva un problema masivo de vergüenza que se manifiesta de muchas maneras. Algunas de ellas son el activismo y las enfermedades de tipo emocional.

La vergüenza se promueve a través del perfeccionismo, de la represión de las emociones, de la imagen falsa de Dios, etcétera. Mucha gente nunca ha conocido el rostro amoroso de un Padre que nos ama y vela por nosotros.

También en la sociedad se promueve la vergüenza a través del mito del éxito y de la competencia. La persona cree que tiene que "hacer cosas" y no se da el permiso de simplemente "ser ella misma".

Es necesario reconocer que como hijos de Dios que somos, no tenemos por qué sentirnos avergonzados. Para vivir en equilibrio y en paz sólo debemos aceptar nuestra verdadera identidad y luego recibir el amor sanador que nos hace crecer y vivir en paz y en gozo.

Resentimientos

Hemos hablado de las emociones que especialmente intervienen en las adicciones. Estas emociones se convierten en sentimientos al hacerse conscientes en nosotros y todos pueden ser manejados por el "gran motor" que es nuestra voluntad.

Cuando no los manejamos adecuadamente y dejamos que se conviertan en sentimientos negativos nos llenamos de lo que se llama resentimiento.

El resentimiento es una enfermedad de tipo espiritual. Le llamamos así porque nos destruye más que un cáncer y porque abarca nuestra persona total, y es espiritual porque el único remedio para extirparla es una conversión total de la persona.

El resentimiento es una pasión, o sea, un poder frustrado que no nos permite actuar ni ser creativos. Fácilmente toma posesión de nosotros, si lo dejamos actuar. Los adictos y codependientes son presa fácil porque viven inmersos en relaciones enfermas, tienen mucho estrés y se sienten víctimas de los demás.

También el resentimiento es sin duda un sentimiento negativo que toma posesión de nosotros en forma sutil o violenta. Y que nos hace obsesionarnos con alguien o algo que nos desagrada.

El resentimiento es un enojo oculto y velado, es una queja que nos paraliza, es un miedo pegajoso, es una frustración permanente. Hace que las personas se vuelvan dependientes de aquello que más les molesta.

Es probablemente el más destructivo de los comportamientos humanos. Nos evita pedir perdón, porque nos impide darnos cuenta de que lo necesitamos y por lo tanto nos cierra a la gracia que nos puede liberar.

El resentimiento se mete en todas las áreas de nuestra vida, toma posesión de nuestro corazón, de nuestro intelecto y de nuestro espíritu. Causa tal ceguera que lleva a las personas a llenarse de una agresividad muy profunda y sólo deja lugar para seguir quejándonos de todo y de todos.

El resentimiento hace que seamos personas de poca fe, de poca esperanza y de muy poca caridad.

¿Cómo podemos acabar con él? Primero debemos conocer esta enfermedad y estar conscientes de que es mortal.

Después debemos aceptar que puede tomar posesión de cualquiera de nosotros aun de aquellos que se sienten "perfectos".

Tenemos que darle nombre a esta enfermedad. Reconocerla. Domarla. Identificarla. Aceptar que es destructiva.

Después podremos ver que Dios es el único que puede librarnos de ella. Si luchamos con nuestras propias fuerzas, vamos a ser derribados. A través de esta enfermedad Él nos llama a un "cambio de corazón". Nos dice: "¿Me dejas llenar con mi amor las áreas internas de tu corazón?"

La pasión del resentimiento tiene sus raíces en nuestra naturaleza humana débil y limitada. Desde el principio de la creación el hombre resintió no poder ser como Dios.

El resentimiento impide la acción positiva, porque nos apega a todo lo que es negativo. Cuando una persona no crece ni madura hay que buscar cuál área de su vida puede estar bloqueada por el resentimiento.

El resentimiento nos hace prisioneros de nuestra ambivalencia y de nuestras dudas, y nos agota interiormente, llenándonos de celos y de envidia. Nos hace conspirar secretamente contra el mundo entero y nos abruma con mil preocupaciones. De algún modo el resentimiento es una queja porque el mundo no se desenvuelve como yo lo hubiera deseado. Me molesta que mis metas y deseos sean continuamente interrumpidos.

Una persona resentida no es capaz de orar ni de servir a los demás. No puede tener intimidad porque está centrada en sí misma y es orgullosa.

El único remedio efectivo para acabar con el resentimiento es la conversión.

Familia disfuncional

Las adicciones y la codependencia se gestan en la familia. La familia es el lugar en donde los seres humanos aprenden mucho sobre sí mismos y también es el lugar en donde se reflejan las crisis que vive la sociedad. De lo que recibimos en nuestra familia depende en gran parte el grado de nuestra salud emocional.

Las familias son sistemas sociales, y, como ocurre en todo sistema, siguen reglas propias. Las reglas de cada familia nos dan la pauta para saber si es una familia funcional o disfuncional.

En nuestro libro *Quiero ser libre* enumeramos estas reglas y hablamos un poco de ellas, para que cada persona pudiera descubrir a qué tipo de familia pertenece. No es fácil aceptar nuestra realidad, pero es muy sano poder hacerlo porque también podremos ver que las familias tienen elementos positivos y negativos y que es importante descubrir tanto unos como otros, para saber qué es lo que podemos corregir en el presente y cómo reforzar todo lo bueno que recibimos.

La familia es un sistema social que tiene reglas, elementos que la componen, roles, necesidades, etcétera. Se clasifica según el tipo de relaciones que existen entre los diferentes miembros que la integran. Si los miembros son individualmente sanos y sus relaciones son buenas, la familia será funcional.

Aquí la relación más importante es la del matrimonio. Si el matrimonio es sano y funcional la familia será una familia con las mismas características y viceversa.

Ya hablamos en *Quiero ser libre* de los roles que los miembros de la familia disfuncional adoptan para mantener el equilibrio del sistema. Estos roles, cuando son rígidos, dañan a las personas porque pierden libertad y el sentido de su propia identidad. En las familias funcionales, los roles son flexibles, y las personas pueden dejar un rol o intercambiar roles sin problema alguno.

Las familias disfuncionales mantienen muchos secretos. Se ha dicho que las familias están enfermas en proporción a los secretos que guardan. Esto sucede porque no se puede trabajar para quitar algo que está oculto. Sólo sacando a la luz cada situación es que podemos superarla. Los secretos son aquellas cosas de las cuales estamos avergonzados: suicidios, adulterios, fraudes, abortos, adicciones, etcétera. Es inobjetable que todo lo que se mantiene oculto tiene poder sobre nosotros, porque genera defensas inconscientes. No se puede sanar lo que no se conoce, ni tampoco lo que no se acepta. Tenemos aquí la causa de que lleguen a perpetuarse patrones enfermos por generaciones. La única forma de acabar con estos aspectos disfuncionales es sacarlos a la luz delante de las personas adecuadas y pedir ayuda.

Las reglas de la familia disfuncional, según el psicólogo John Bradshaw, son:

1. *Control.* Debemos controlar los sentimientos y el comportamiento en todo momento. Este es el mecanismo de defensa más importante.
2. *Perfeccionismo.* Tenemos que hacer todo "bien". El miedo de no cumplir lo que se espera de nosotros es la motivación principal. Se vive pendiente de la imagen.
3. *Culpabilizar.* Cuando las cosas no salen como las planeamos nos culpamos o culpamos a los otros. Esto mantiene el equilibrio de la familia disfuncional cuando no sirve el control.
4. *No se puede hablar.* Esta regla prohibe la libre expresión de cualquier sentimiento, necesidad o deseo. Nadie habla de su soledad ni de sus problemas.
5. *No se pueden cometer errores.* Los errores implican

vulnerabilidad. Esto no se permite y hay que encubrir toda falta a como dé lugar, para no ser objeto de crítica.
6. *No se puede confiar.* No debemos esperar nada de las relaciones con los demás. Las personas no son confiables. Ni los padres ni los hijos tienen satisfechas sus propias necesidades. El círculo de la desconfianza se perpetúa.

A estas reglas podemos agregar lo que Alice Miller llama "pedagogía venenosa". Son las reglas que ella detecta en las familias disfuncionales:

1. Los adultos son los dueños del niño dependiente.
2. Ellos determinan en forma absoluta (como si fueran Dios) lo que está bien y lo que no.
3. Cuando los padres se enojan, los niños son los responsables.
4. Los padres siempre deben ser protegidos en su imagen.
5. Los sentimientos afirmativos del niño son una amenaza para el adulto y hay que evitarlos.
6. La voluntad del niño debe ser "domada" cuanto antes.

La "pedagogía venenosa" se llama así, porque acaba con la autoestima del niño y con su espontaneidad, a la vez que justifica los abusos de los padres.

Otra de las características de la familia disfuncional es que no se viven las cinco libertades del ser humano. Virginia Satir hablaba de ellas y decía que eran: la libertad de ver y percibir, de pensar, la libertad de sentir, la libertad de desear y escoger y la libertad de imaginar. Estas libertades suponen la aceptación y la integración real de la persona y por eso se dan en un clima de buena comunicación. La comunicación adecuada es otro de los elementos básicos de la familia funcional.

Cuando la familia es disfuncional, los individuos que la

forman son iniciados desde muy temprana edad en la adicción a través de los estilos de relación que en este sistema se van creando. Más adelante veremos cómo podemos recuperarnos si hemos sido afectados por un patrón disfuncional.

CAPÍTULO 5

Desarrollo del proceso adictivo

Hemos visto a lo largo del libro cómo el vacío, el anhelo, la soledad, pretenden llenarse con otras cosas o personas a las cuales terminamos por apegarnos.

En este capítulo trataremos de entender el proceso de la adicción con la ayuda de la psicología, la neurología, la sociología, de las Sagradas Escrituras y de la teología.

La psicología

La psicología nos ayuda a entender las adicciones desde diversos ángulos, y a partir de diversas teorías. Examinaremos aquí sólo algunas de esas teorías.

La teoría psicoanalítica

Nos ayuda a entender las adicciones, explicando cómo los apegos se forman al invertir nuestra energía psíquica en

187

actividades, cosas o personas que nos producen placer o alivio de la tensión. La búsqueda de placer o el alivio de la tensión como motivaciones de nuestros apegos permanecen inconscientes. Sólo se muestran en nuestra conciencia motivaciones diferentes. Por eso nos engañamos continuamente.

Freud, Jung y otros psicoanalistas proponen que la energía psíquica del individuo se invierte en actividades, cosas y personas importantes para el ser humano en determinada etapa de su vida. Este proceso, llamado catexis, corresponde en la psicología a lo que es un apego desde el punto de vista espiritual.

Freud decía que nuestras catexis se determinaban por dos dinámicas: el principio del placer y el principio de realidad. Las motivaciones del principio del placer buscan gratificación instantánea, placer inmediato y alivio rápido de las molestias. Las motivaciones basadas en el principio de realidad requieren posponer la gratificación por metas a largo plazo o razones más altruistas.

Los psicoanalistas señalan también que muchas catexis importantes suceden inconscientemente.

Nuestra mente usa todos los mecanismos de defensa para que no nos demos cuenta de nuestras verdaderas motivaciones. Otro de los aspectos que la teoría psicoanalítica explica sobre las adicciones es que nuestro deseo de Dios se desplaza hacia otras cosas o personas.

La teoría conductista

Otra corriente de la psicología, el conductismo, sostiene que si una conducta es asociada con un efecto placentero o con el alivio de la tensión o del dolor, la conducta tiende a repetirse.

Este es un gran componente del aprendizaje llamado reforzamiento positivo. Por el contrario, cuando una conducta se asocia con eliminación del placer o con dolor, la conducta dejará de repetirse. Este es el reforzamiento negativo.

La repetición de asociaciones entre conductas y efectos constituye la forma de aprendizaje llamado condicionamiento.

El apego, según esta teoría, se instala por medio de un proceso de aprendizaje. El proceso se efectúa en forma automática y en un nivel muy profundo. De hecho, muchas de esas conductas nunca alcanzan un nivel consciente hasta que ya están muy establecidas y son muy difíciles de romper.

El apego, es decir, la fijación de nuestro deseo a ciertas cosas o personas, se efectúa en tres etapas: aprendizaje, formación de hábitos y problema o dificultad.

Aprendizaje

Se realiza de la siguiente manera: yo tengo una conducta, puede ser intencional o no, desde tomar una pastilla, hasta pensar en Dios de determinada manera. Al efectuar esa conducta mi malestar se alivia. Mi cerebro asocia la conducta con el efecto. Si el efecto es poderoso y placentero, mi cerebro hace la asociación con esta sola experiencia y buscará repetirla. Si el efecto no es tan fuerte se necesitarán varias repeticiones antes de que mi cerebro busque la repetición. Cada vez que la conducta es asociada se refuerza. Así, ciertos apegos se desarrollan casi instantáneamente y otros no. Aprendemos a ser adictos y puede suceder inconscientemente.

Formación de hábitos

Cuando el patrón condicionado es asociado con otras experiencias de mi vida, yo seré más propenso a repetir la conducta. Entonces se empiezan a buscar los efectos de esta en otras situaciones. Repetir la conducta para lograr los efectos parece intencional, pero no siempre es consciente.

Dificultad

El hábito es ya parte de mi vida; me siento a disgusto sin la conducta. Ya sea el uso de un químico, o perderme en determinado placer, me hago dependiente de ellos, lo necesito y deseo más y más. Este es el principio de la tolerancia. De pronto algo interfiere en el aumento de la necesidad y la frecuencia y lo bloquea y yo reacciono con malestar. Ahora el hábito me produce tensión. El bloqueo produce dolor, desde disgusto hasta verdadera agonía. El círculo se completa con los síntomas de la abstención.

Las interferencias refuerzan el apego en vez de disminuírlo. Yo ya aprendí que si repito la conducta el malestar y la tensión desaparecen. La tensión actual me hace desear más y más. Además, la gratificación intermitente es un condicionador muy fuerte. El hábito se fortalece cuando la gratificación no es continua sino intermitente. La cacería, el juego, tienen resultados impredecibles. Por eso, parar la conducta por un periodo corto o largo, si no es alto total, lo único que hace es reforzar la adicción.

El apego se instala como aprendizaje a través de reforzamiento y condicionamiento. Se acompaña de cambios físicos y químicos en el cerebro y otras partes del cuerpo. Como hay muchos multisistemas involucrados el aprendizaje se fija más.

El cerebro no olvida nunca completamente lo que aprendió. Debido al poder físico profundo de los apegos, el potencial para la adicción existe por siempre en nosotros aunque hayamos roto el hábito.

La permanencia de la memoria adictiva está lista para saltar a la primera oportunidad.

Años después de haber acabado con una adicción mayor, la más pequeña asociación, la más insignificante probada puede encender los viejos patrones celulares de nuevo.

Tenemos que aceptar que un componente de la adicción es su permanencia. Por eso no se habla nunca de adictos recuperados, sino de adictos en recuperación. Debemos ser conscientes de que siempre existe el potencial para reactivar cualquier adicción.

La neurología

Sobre los aportes de la neurología tocaremos los aspectos más importantes sin adentrarnos demasiado. Explicar los detalles del sistema nervioso sería tema de otro trabajo. Sin embargo, es importante entender lo que es el estrés, la tensión. El estrés es una reacción del cuerpo para compensar el desequilibrio. Envuelve respuestas de alarma que señalan ese desequilibrio y mecanismos para adaptarse a él que buscan restaurar el equilibrio.

Dentro del sistema nervioso las células encargadas de esa adaptación enfrentan al desequilibrio por medio de las siguientes respuestas:

Retroalimentación

Es la primera defensa contra el estrés, la reacción inicial ante el desequilibrio. Se da de tres maneras: las células sobreactivas se inhiben; las células subactivas pueden ser estimuladas y las que actúan bien son estimuladas. Lo que ocurre con miles de neuronas puede ejemplificarse así: dos personas están platicando algo que les interesa. El que habla lo hace muy bajito y el otro lo retroalimenta diciéndole: por favor habla más alto. El que platica recibe el mensaje, habla más alto y el equilibrio se restablece.

Habituación

Es el proceso por el cual las células nerviosas se hacen menos sensitivas y responsivas al estímulo externo. Es la causa neurológica de la tolerancia. Se presenta de dos formas dependiendo del tiempo que dure el estrés. Las células receptoras reciben el mismo mensaje repetido en un periodo corto. Inhiben la transmisión y suprimen la conducción. Sucede cuando ignoramos ruidos en la periferia. Se suprimen. Cuando el estímulo dura más las células tienen cambios físicos. Destruyen sus propios neurorreceptores y trasmisores.

Adaptación

Si todos los sistemas de habituación fallan entonces las células receptoras se unen a la transmisión en vez de inhibirla. Si el estrés dura poco el equilibrio se restablece pronto. Si dura más, se realizan más cambios en mayor número de sistemas de células para acomodarse a la nueva situación, y al adaptarse, el estrés desaparece. Ejemplo de adaptación es la forma como nuestro cuerpo acepta los cambios de hora cuando viajamos. El ser humano es el más adaptable de la creación.

Estos tres mecanismos son también la dinámica neurológica del apego. Progresivamente lleva a la adicción. Tan pronto como queremos romper una adicción nos damos cuenta de que se ha convertido en una forma de vida.

Debido a que una adicción envuelve muchos multisistemas nerviosos, romperla requiere cambios en diferentes áreas de la vida. Por ejemplo: la persona que desea dejar de fumar, encuentra muchas dificultad en hacerlo después de comer, de beber o de cualquier otra actividad que haya asociado antes con el fumar.

En ocasiones hay un alivio temporal en el cambio de

ambiente y la adicción puede quedar latente (ahí está el apego) y a la primera tentación caerá de nuevo porque el cambio debe provenir de dentro, no del ambiente.

Si yo tengo una adicción a la droga, y decido cambiar de ciudad para estar lejos de aquellos que me llevaron a usarla, esto que puede ser útil en un momento, no va a erradicar la adicción, ya que yo puedo permanecer fuera por meses y cuando vuelvo, a la primera oportunidad caigo en lo mismo.

Asimismo, en las relaciones codependientes, alejarse temporalmente será útil para que yo vea las cosas desde otra perspectiva, tal vez pueda empezar a salir de la confusión en que vivo y tal vez hasta me separe definitivamente de la persona con la que vivo esa situación de codependencia; pero si no me recupero, si no entro a un proceso completo, lo único que sucederá es que volveré a caer en otra relación codependiente con otra persona adicta o enferma.

Cuando una adicción ha permanecido en la persona por años, la lucha contra ella es más difícil que erradicar una adicción recién adquirida.

La sociología

Desde este punto de vista es muy importante reconocer que vivimos en un sistema social adictivo. Para entender eso vamos a analizar primero lo que significa.

Un sistema es una serie de contenidos y procesos mayor que la suma de sus partes. Tiene una vida propia, distinta de la vida de los individuos que la forman y tiene ciertas conductas características y ciertos procesos en los individuos.

El sistema adictivo entonces es un sistema que promueve las conductas adictivas. El individuo empieza a operar en un sistema completo que es adictivo.

El sistema social adictivo es un sistema cerrado que presenta pocas alternativas a las personas en términos de los papeles que desempeñan en ese sistema y de las direcciones o metas que persiguen.

Anne Wilson Shaef afirma que el problema es no sólo de los individuos con múltiples adicciones sino que existe un proceso adictivo genérico que está debajo de todas las adicciones. Este proceso se desarrolla por debajo del sistema que rodea e influencia a todos los individuos.

Podemos decir que este proceso es una enfermedad que va desarrollando un gran poder de destrucción en la sociedad en general y en los individuos en particular.

Esta sociedad adicta tiene todas las características y exhibe todos los procesos del alcohólico o de cualquier otro adicto. Funciona de la misma manera y por lo tanto para analizarla tenemos que seguir los mismos pasos que funcionan para tratar cualquier adicción. Veamos por ejemplo cómo el individuo adicto afecta a su familia, convirtiéndola en disfuncional, cómo afecta la organización en la que trabaja como ejecutivo y la hace adicta y cómo los individuos adictos afectan a la sociedad. Al mismo tiempo veamos cómo la familia disfuncional puede favorecer la codependencia y cualquier otra adicción. Cómo los principios adictivos de una organización pueden hacer que las personas que la forman entren dentro de ese sistema adictivo. Por último, veamos cómo las demandas y principios de nuestra sociedad favorecen e impulsan las adicciones particulares de los individuos que quieren ser aceptados en esa sociedad. (Véase el esquema de la página 195.)

Es una interrelación constante, tan mezclada que sólo los individuos que están en proceso de recuperación pueden darse cuenta, los demás tienen tan poco contacto con ellos mismos y están tan ocupados en sus propias adicciones que no intentan siquiera enfrentar el sistema. Tienen limitada la visión, el oído y el conocimiento.

Cuántas personas alcanzan su punto crítico de bienestar aunque sea momentáneo dentro de las organizaciones e instituciones. Se vuelcan hacia ellas evitando enfrentar sus propios procesos para cambiar. Buscan siempre lo lógico y racional evitando el contacto con sus experiencias propias y las de grupo y los hacen sentir que están en control.

Por eso es importante tratar no sólo las adicciones una por una, sino enfrentar el sistema como un todo si queremos dejar de simular que vivimos, y luchamos con todas nuestras fuerzas por vivir, poseyéndonos a nosotros mismos y viviendo en plenitud las experiencias personales que nos llevarán a conocernos mejor y a relacionarnos con nosotros mismos y con los demás.

La Sagrada Escritura

En la Sagrada Escritura, en la Biblia, en el primer libro, el Génesis, se cuenta la historia de la Creación. Cuando Dios creó al hombre y a la mujer les dio libre albedrío, es decir libertad de elección. Pero, ¿qué sucedió?, cuando Adán y Eva sucumben a la tentación, al deseo de ser como Dios, de hacer su voluntad en contra de lo ordenado por Dios, todo el plan de libertad de la creación cambia y el hombre empieza el camino de la esclavitud. Cuando Dios los confronta, después de la caída, empiezan los trucos mentales, las excusas y las racionalizaciones. No pretendían engañar, sentían que habían hecho mal, que algo interfirió con su deseo de obedecer: el deseo de algo prohibido.

Toda la historia del Antiguo Testamento nos habla del apoyo, de la guía, de la ayuda de Dios para proteger a los hombres de las consecuencias de sus apegos excesivos y de las falsas promesas de autonomía.

Los libros del profeta Isaías hablan de un Dios que les

promete la libertad. Más adelante, en el Nuevo Testamento, nos presenta a un Jesús que no viene a destruir la ley, sino a destruir la adicción a cumplir la letra de la ley, sin amar verdaderamente al Señor de la ley.

Así, vemos que por haber apegado nuestro deseo a algo prohibido, por haber elegido desobedecer, nuestra libertad queda apegada, esclavizada, prisionera de nuestros deseos: hacemos lo que no queremos y no hacemos el bien que deseamos. No somos libres para seguir el llamado de Dios por nosotros mismos.

La teología

Desde el punto de vista de la teología, Dios nos creó únicos, irrepetibles, nos creó por amor para una vida de plenitud y libertad. Nos creó para amar pero caímos en la tentación y en los apegos y por eso no podemos amar plenamente a Dios, al prójimo o a nosotros mismos.

Las adicciones nos esclavizan con cadenas hechas por nosotros pero que ya no podemos controlar.

Nos hacen idólatras porque nos obligan a adorar estos objetos de apego impidiéndonos amar a Dios y a los demás libremente.

Las adicciones erosionan nuestra voluntad y se llevan nuestra dignidad.

El gran místico cristiano, san Juan de la Cruz, dice que los apetitos desordenados de pecado, de imperfección, son como adicciones; toman los valores con afecto de propiedad como si nos ataran a ellos. Así, nos convierten en esclavos y cautivos. Una adicción de estas es como el fuego que echándole leña, crece y después de consumirla, por fuerza desfallece. Y aunque este apaciguamiento o descarga de la tensión nos produce gusto, en el fondo nuestro ser no queda satisfecho.

Así se cansa y fatiga el alma por conseguir lo que sus apetitos le piden; y aunque lo consiga al fin, siempre se cansa porque nunca se satisface... es como el que teniendo hambre, abre la boca para hartarse de viento y en lugar de hartarse, se seca más, porque aquel no es su manjar.

El problema de las adicciones, además de ser moral, es un problema teológico porque trata la relación del hombre con el Todo. En el apetito desordenado, sustituimos el Todo, por la nada, por la adicción.

También la teología moral tiene mucho que estudiar y ver la adicción y su relación con el pecado. Para entender esta relación, necesitamos hacer una revisión del concepto de pecado.

Este concepto ha ido variando a través del tiempo. Sin embargo, las diferentes maneras de verlo, se encuentran todas presentes en nuestros días, mezclándose y confundiéndose.

A partir del Concilio Vaticano II, se ha venido entendiendo un poco más este concepto de pecado, debido en gran parte a un mejor entendimiento de la Sagrada Escritura y a la contribución muy importante de las ciencias seculares.

En el entendimiento del pecado se han ido desarrollando diferentes modelos. Uno de los primeros modelos acentúa que la limpieza de la mancha se efectúa a través de rituales extrínsecos para aplacar a un Dios enojado. Este modelo enfatiza el poder de contaminación que tiene el pecado... En este modelo no se le da la importancia debida al poder redentor y salvador de Dios y al poder de la gracia para irradiar alrededor.

Si lo analizamos, nos daremos cuenta de que tiene poca relación con la interioridad del pecado, con el poder de la gracia y de la misericordia de Dios y tampoco contempla el poder transformante del perdón.

Otro modelo es el de contemplar el pecado como crimen.

Este modelo enfatiza la expiación e ignora el daño profundo que el pecado causa. La transgresión del orden divino merece un castigo que restaure el orden anterior.

En este modelo el que la persona sea perdonada, que el castigo no se lleve a cabo, es signo de caos, de debilidad, no de virtud y de gracia. El castigo es la medida de la justicia. Esto es olvidar al Dios que rescata, perdona, redime y muere en la Cruz por los pecadores, no por los justos. Olvida que la justicia de Dios es compasiva, transformante.

Olvidan que más que el pecado clame por expiación, el pecador debe clamar por misericordia. En este modelo podemos recordar los famosos penitenciales en donde se acordaba cuál era el castigo para cada pecado, cuál era la penitencia que se tenía que cumplir.

Después aparece el modelo de pecado como algo personal. Este modelo enfatiza la elección personal de contravenir la ley, de separarse de Dios y de los hombres.

Representa cambios importantes en cuanto que se separa del legalismo farisaico del castigo y del análisis escueto de los actos y empieza a centrarse en las motivaciones personales. Ve al pecado como ofensa a ese amor de Dios y también contempla el daño que causa en el prójimo. El pecador no es sólo el que quebranta la ley, sino el que está en caos, separado de Dios, del prójimo, de la creación y de sí mismo. Este modelo no toma en cuenta el pecado social y el institucional, el cultural, el político y el económico.

El psiquiatra Karl Menninger, fundador de la clínica Menninger de Kansas y el doctor Scott Peck hablan mucho sobre el pecado grupal que es la cooperación con el mal que trasciende los entendimientos interpersonales y se expresa en forma dinámica. En nuestra experiencia, hemos visto que el pecado de los padres afecta a los hijos y nietos. No se puede hablar de un pecado estrictamente personal, siempre quedan involucrados los de alrededor. Recordamos a un sacerdote amigo nuestro que describía el pecado comparándolo con un coche parado en el periférico; es cierto que sólo el coche descompuesto está parado y sin embargo todo el tráfico se detiene, no se puede pasar, son cientos de automóviles detenidos, citas perdidas, angustia, estrés, caos.

Otro modelo es contemplar al pecado como una esclavitud. Este modelo analiza los actos y los hábitos. Santo Tomás habla del pecado viéndolo desde el punto de vista de la virtud y del vicio. Se preocupa más del carácter humano y de la formación de las virtudes que de la casuística que valora las acciones humanas individuales. Para santo Tomás como para Aristóteles, las virtudes y los vicios determinan el curso de la vida humana; en cierto sentido, son determinantes de la conducta.

Pasan de la idea del pecado como transgresión y ofensa a la ley eterna, a la idea del nivel de vicio y virtud en donde el pecado es experimentado en primer lugar como hábito o rasgo de carácter. Aquí podemos ver cómo se interrelaciona la teología con la neurología en cuanto analiza la formación de los hábitos.

El acto es una decisión consciente y libre de la persona en el ejercicio de su libertad de elección con respecto a algo, en un tiempo determinado.

Hábito es una decisión persistente y profunda. No son decisiones a determinados actos, sino más bien es una manera de ser. Son patrones de conducta y rasgos de carácter.

El pecado es aquí, no la acción concreta de la persona, sino más bien el carácter que constituye la fuente de las acciones. Se entiende más como la decisión central de la persona expresada en su tendencia habitual a elegir en contra del llamado y del amor de Dios.

San Pablo habla del pecado como transgresión, como desobediencia, como fracaso, pero entiende también el pecado como un poder que esclaviza al pecador, lo incapacita, lo ridiculiza en su voluntad y en última instancia rige a la persona. No hace el bien que quiere, sino el mal que no quiere. Pasa de la transgresión al vicio. Señala el desorden profundo y la falta de libertad que el hábito produce. Cuántos de nosotros somos capaces de recordar nuestros sentimientos al ir a confesarnos y volvernos a acusar de las mismas cosas una y otra vez por más esfuerzos que hagamos.

Con el aumento del poder del pecado, el pecador encuentra cada vez más difícil cambiar, crecer y hasta arrepentirse. Hay un endurecimiento paulatino del corazón, un morir del alma lentamente. El pecado lleva a la desintegración personal y al aislamiento.

Por último aparece el modelo de pecado como enfermedad. Este modelo ha surgido como resultado de los grupos de Alcohólicos Anónimos y los demás grupos de autoayuda que siguen los mismos Doce Pasos que AA.

Este modelo ha sido muy combatido pensando que al considerar al pecado como una enfermedad lo que podría resultar sería una falta de responsabilidad personal y un abandono de la lucha.

Sin embargo, esto no ha sucedido ya que el primer paso de Alcohólicos Anónimos es declararse impotentes para luchar por sí mismos. Necesitan de la ayuda de la gracia de Dios para luchar contra la adicción. No se dan por vencidos, por lo contrario, ahora están dispuestos a la lucha, pero no solos, saben que cuentan con la ayuda del Poder Superior, como ellos lo llaman. Aceptan en realidad la salvación que Dios les ofrece. Al reconocerse enfermos, y pecadores, aceptan que Jesús vino al mundo y murió especialmente por ellos.

Este modelo ha mostrado ser efectivo porque lleva al adicto a un serio proceso de conversión. Lo lleva a cambiar no sólo las conductas, sino a lidiar con las motivaciones.

Vemos que este modelo contempla a la conversión como un proceso de curación.

El pecado deja de ser personal, deja de ser secreto, y es

comunicado al grupo de apoyo, es expuesto y lleva a la reconciliación con Dios, con el prójimo cuando es posible y sobre todo a la reconciliación con uno mismo.

Como vemos, la teología ha tenido mucho que enseñarnos con respecto a la adicción.

CAPÍTULO 6

Proceso de recuperación

Hemos visto ya de manera panorámica el proceso adictivo, hemos analizado sus raíces y su desarrollo y vamos a proponer ahora un proceso de recuperación.

Lo primero que nos preguntamos es: ¿Qué se necesita para una recuperación? Lo que se necesita es desearla.

Generalmente aparece una crisis en nuestra vida que cambia nuestra perspectiva del mundo y que nos hace ver con otros ojos muchas cosas.

La palabra china para crisis nos da una idea acertada de lo que una crisis significa. Consiste la palabra en dos ideogramas: uno es "peligro" y el otro es "oportunidad". Normalmente, nosotros, los occidentales, hacemos más hincapié en el peligro que en la oportunidad.

Crisis es un tiempo de cambio, un tiempo de decisión donde ponemos en la balanza cosas de importancia capital. La crisis es una oportunidad extraordinaria para crecer, es un tiempo que nos permite romper los moldes que ya no nos sirven.

Además, nos da la oportunidad de entrar dentro de nosotros mismos y encontrar ahí, fuentes de vida que no conocíamos y que nos permiten crecer realmente.

Viendo en retrospectiva los tiempos en que hemos sufrido grandes cambios en nuestra vida, nos damos cuenta de que no entendíamos lo que pasaba. Rara vez nos damos cuenta cuando estamos en periodos de transición. Sólo sentimos confusión, inestabilidad. Vemos que lo que antes funcionaba ahora ya no. El mundo que percibíamos como seguro —pues al menos lo conocíamos—, empieza a resquebrajarse y nos encontramos de pronto con que no hay manera de avanzar de un mundo viejo y quebrado a otro nuevo e integrado sin pasar por un ajuste doloroso. Y tal vez ese ajuste va a requerir que permanezcamos ahí por largo tiempo. Las transiciones casi nunca son instantáneas.

La crisis no nos presenta enseguida nuevas elecciones; sin embargo, nos permite observar lo que sucede alrededor nuestro. Si no buscamos opciones nuevas, seguiremos detenidos como estamos, sintiéndonos infelices.

Si tenemos opciones, a veces son como caminos en la obscuridad. A veces creemos que es mejor lo que dejamos atrás que lo desconocido que se nos presenta adelante. Caminar en la obscuridad requiere de fe. Esta nos dice que al final del camino hay un mundo diferente que nunca conoceremos si nos quedamos donde estamos y continuamos mirando hacia atrás.

Solamente en la obscuridad aprendemos a caminar paso a paso sin una perspectiva completa. En la obscuridad empezamos a confiar en nuestros instintos. Aprendemos a dar pasos no definitivos y que aparentan no conducirnos a nada. Si esperamos que el fin sea perfectamente claro nunca daremos los pasos necesarios.

Las crisis pueden tomar la forma de un dilema. Tenemos que dejar maneras ya conocidas. Perdemos el control y no podemos recobrarlo. En vez de preguntarnos: ¿Qué voy a hacer?, debemos preguntarnos: ¿Quién estará ahí para mí? Necesitamos comunicar nuestro dolor, nuestro miedo. Saltar en el vacío y quedar vulnerables.

Tenemos que confiar en alguien como no lo hemos hecho antes. Necesitamos a alguien que no trate de resolver nuestros problemas por nosotros. Alguien que nos impulse a seguir el camino y que nos vea cruzar por el dolor hacia algo que no vemos pero creemos que existe.

En un principio, para resolver las crisis necesitamos ayudas externas, pero se llega al punto en que comprendemos que no necesitamos cambiar las circunstancias sino que necesitamos cambiar nosotros.

El elemento más importante para este cambio es el desprendimiento y este empieza cuando aceptamos que hemos estado ciegos y se produce un verdadero y auténtico cambio en nuestro corazón.

El cambio nos lleva a aceptar que nuestro punto de vista es siempre parcial y nos deja abiertos a revisar las situaciones, a cambiar y también a sorprendernos. Abiertos a lo nuevo no nos seguimos engañando. Tenemos nuevas elecciones que hacer, ya no necesitamos estar controlados por nuestras compulsiones o por la necesidad de hacer lo que otros esperan de nosotros. Hemos llegado a un punto de actividad creativa, creamos nuestra historia, desarrollamos un sentido de lo correcto y lo seguimos. Dejamos de buscar la validación externa de nuestros actos. Buscamos dentro de nosotros, somos juez y parte.

Sólo cuando las crisis se presentan podemos revalorar nuestras relaciones y tratar de encontrar otras mejores.

El signo básico de crecimiento en las relaciones es que no tenemos que seguir pensando en formas extremas: blanco y negro, bueno o malo, sino descubrimos que podemos ser fuertes y débiles, dominantes y sumisos. Nos damos cuenta de que nuestras reacciones pueden cambiar para convertirse en respuestas libres. La persona responsable discierne y elige, no se puede permanecer estático en una relación por miedo a perderla. Tenemos que poner fin a ciertos patrones de relación y esto es muy distinto a terminar con la relación.

La oportunidad que las crisis nos dan es la de integrar las experiencias del pasado y abrazar un presente que apenas empieza a surgir y elegir, entre nuestras experiencias, lo que queremos para el futuro.

Es también en estos momentos de crisis que nos damos cuenta de la complejidad que existe dentro de nosotros. Si realmente escuchamos a nuestro corazón y a nuestro espíritu, a nuestras imaginaciones, nuestros sueños, nuestra mente, nuestro cuerpo, dejaremos de desempeñar roles o papeles que hemos elegido para sobrevivir.

La única manera de romper con contextos establecidos que nos quieren absorber, es dar los pasos que nos lleven a descubrir y a crear nuevos contextos. Entonces tendremos más de un lugar donde pararnos, tendremos más opciones y no estaremos sujetos a los viejos contextos.

Involucrarse en un sistema de recuperación significa cambiar nuestro sistema de ver la vida, cambiar de un sistema adictivo a un sistema nuevo, buscando y eligiendo vivir plenamente.

Esto no se logra leyendo todo lo que se escribe sobre el tema o entrenándose en el campo de las adicciones, sino al dar el salto de sólo pensar en el cambio, a entrar en él.

La recuperación no es un evento, es un proceso. Empieza cuando la persona enfrenta la verdad. Pero qué difícil es para el adicto cambiar años de practicar el engaño, sobre todo el engaño a sí mismo. Cambiar nuestras emociones, manejarlas, descubrir cuánto las usamos como autoprotección, o las reprimimos. Enfrentar la verdad es muy doloroso.

Lo primero que necesitamos para empezar el proceso de

recuperación es aceptar que somos adictos, no solamente que tenemos adicciones. Esto parece sencillo pero en realidad no lo es. Cuando aceptamos que tenemos adicciones, es como aceptar que hemos cometido una falta. Se necesita reconocerla, aceptarla y pedir perdón y repararla en lo posible; pero hasta ahí. Esto no afecta en realidad mi interioridad, no toca el fondo de mi persona.

Cuando yo acepto que soy adicto, he dado el primer paso en la sinceridad, en la honestidad conmigo mismo. He aceptado ya que mi identidad está dañada o que mi autoestima es muy pobre. Que soy débil. En fin, es otra dimensión mucho más profunda que sí toca mi identidad y mi espiritualidad.

Hemos visto lo que es la adicción desde varios puntos de vista y a estas alturas ya tenemos una visión de dónde nos encontramos. Tal vez ahora, también al analizar algunas de las raíces del proceso adictivo, podremos encontrar en nosotros mismos cuáles son las raíces de nuestra situación.

Es aquí donde trabajan las terapias tradicionales, ayudando a la persona a enfrentar su situación actual y a buscar las raíces de sus adicciones. Si esta búsqueda tiene éxito la persona se encuentra frente a una dolorosa realidad y puede empezar a tratar de manejarla y aceptarla. Sin embargo, nada puede cambiar esa realidad: lo que sucedió, sucedió; lo que no te dieron, no lo tienes, y no hay más que hacer.

Sin embargo, es ante esta impotencia, ante esta situación que no puede ser cambiada en donde la terapia de oración nos ha demostrado que hace la diferencia.

Al aceptar que soy adicto, estoy dando el paso más importante en el camino a la libertad. Cuando reconozco que no puedo dejar mi adicción, que esta tiene control sobre mí, que soy impotente para luchar contra ella, puedo decir que ya estoy en el camino.

Dar este paso es aceptar al mismo tiempo que estamos en

una cárcel psicológica a la que no le vemos puertas, nadie puede entrar ni salir de ella y por dentro es como un laberinto con infinidad de trampas en las que caigo constantemente. He llegado al punto de la desesperanza y siento que aunque me fuera muy lejos, a vivir como un solitario, esto no remediaría ni me sanaría de mi adicción.

Es en estos momentos trascendentales de la vida cuando todo ser humano tiene que aceptar esa realidad salvadora que le dice en el fondo de su corazón que tiene que haber algo o alguien que lo salve de ese infierno que vive. Ese Poder Superior, ese Dios está presente en nuestras vidas y es el único que puede iluminar nuestro laberinto interior, nos puede ir mostrando las trampas, para que podamos librarlas y nos conduce de la mano a la salida. Ahí, Él abre una puerta para nosotros para que la ayuda externa pueda alcanzarnos y nosotros podamos ver la luz.

El doctor Gerald May, en sus estudios e investigaciones realizados durante muchos años sobre adicciones, revela que siempre que hay una recuperación verdadera y duradera, ha existido un momento que él llama "momento de gracia" en el cual el individuo vuelve su corazón a Dios y le pide ayuda. Es esta experiencia espiritual la única capaz de convertir al ser humano de esclavo en libre.

Las terapias tradicionales han fracasado en el tratamiento de las adicciones porque no tratan al hombre integral, al hombre poseedor de un espíritu que es el que clama por la libertad.

Pedirle a Dios ayuda es el primer paso de Alcohólicos Anónimos. Este programa es usado en todo el mundo para la recuperación del alcoholismo y en los últimos años ha sido adoptado por los grupos de Comedores Compulsivos Anónimos, Neuróticos Anónimos, etcétera, porque es el único que reconoce la parte espiritual del hombre y su necesidad de Dios, como quiera que este Dios se conciba.

Sandra LeSourd manifiesta en su libro *Compulsive Woman*

sobre la inquietud que ella tenía después de años de ser adicta, y llegar casi a la muerte, del por qué los tratamientos médicos y los tratamientos religiosos no se unen para enfrentar el grave problema de las adicciones.

El doctor Scott Peck, autor del libro *The Road Less Traveled*, publicado en español con el título de *La nueva psicología del amor*, dice:

Es una tentación para los psiquiatras sentirse caballeros de la ciencia moderna, peleando en noble combate con las fuerzas destructivas de la religión y con los dogmas irracionales y autoritarios y en esta forma negar la importancia que tiene el espíritu en la lucha contra las adicciones.

Sandra LeSourd afirma también:

Tal vez otros adictos pueden encontrar otros "Poderes Superiores" que los liberen de la esclavitud de fuerzas irresistibles. Yo sólo puedo hablar de uno. Para mí, la conversión cristiana y la fe, fueron la fuerza exterior que me ayudó a romper los patrones que me mantenían atada. Mi vida compulsiva fue reorganizada por un poder diferente a mí misma a quien yo continúo experimentando y lo llamo Jesucristo.

Tal vez la fe que tú poseas sea tan pequeña, tan débil que creas que no bastará para sacarte del abismo en que te encuentras. No lo creas, aun sin fe, simplemente con la necesidad que tú tengas de ser salvado, clama a Dios, Él vive dentro de ti y sólo espera que tú lo necesites, que le pidas ayuda para volcarse en amor por ti.

Jesús dijo que venía a salvar a los pecadores, no a los santos; que había venido por los enfermos, no por los sanos; entonces lo único que tienes que hacer es declararte enfermo o pecador, da lo mismo para necesitar la salvación.

La adicción de cualquier tipo lleva a la muerte. Por eso la

primera elección que tiene que hacer la persona para empezar este camino de recuperación es elegir no morir. Después tiene que elegir vivir, ya que no es lo mismo no morir, que puede llevarte a vegetar simplemente, adaptándote al sistema, que escoger vivir cambiando de sistema.

Una vez que hemos elegido vivir, que hemos vuelto nuestra mirada a Dios pidiéndole ayuda, no vamos a sentarnos a esperar tranquilamente a que Él haga las cosas por nosotros. Lo que vamos a esperar es que derrame Su gracia sobre nosotros para poder caminar.

Para el cristiano la gracia es el fluir dinámico de la naturaleza amorosa de Dios que fluye en y a través de la creación en una ofrenda sin fin de salud, amor, iluminación y reconciliación.

La gracia es un don que somos libres de ignorar, rechazar, pedir o aceptar. Es un don que se nos da a veces a pesar de nuestras intenciones y errores. Cuando así se nos da sin pedirla, sin invitarla y sin merecerla, nuestra respuesta no puede ser otra que el asombro y la gratitud.

La gracia no puede ser poseída, es eternamente libre y como el Espíritu que la da, sopla donde quiere. Podemos buscarla, estar abiertos a ella, pero no podemos controlarla.

La gracia a su vez nos busca pero no nos controla. San Agustín decía que Dios nos quería dar siempre cosas buenas pero que nuestras manos estaban demasiado llenas para recibirlas. Nuestras adicciones se han ocupado de llenar los lugares por donde la gracia puede fluir.

La adicción puede oprimir nuestro deseo, erosionar nuestra voluntad, confundir nuestras motivaciones y contaminar nuestro juicio, pero su esclavitud nunca es absoluta. Lo único que necesitamos pues, con nuestra limitada libertad y voluntad, es abrir las manos para recibir esa gracia que Dios quiere derramar en nosotros para darnos la oportunidad de elegir caminar hacia la libertad.

Ya hemos constatado, por los innumerables fracasos sufridos al intentarlo, que la adicción no puede vencerse por la voluntad humana solamente. Tampoco va a lograr vencerse por decidir volvernos a Dios, esperando pacíficamente que Él haga las cosas por nosotros; en vez de eso, el poder de la gracia fluye más plenamente cuando el hombre elige actuar en armonía con la voluntad de Dios. Esto quiere decir, que al estar en una situación, esta se vea objetivamente, tal cual es, permaneciendo responsables por las elecciones que hagamos, pero volviéndonos hacia la gracia, protección y guía de Dios para basar nuestras elecciones y nuestra conducta.

Siendo la gracia la expresión activa del amor de Dios no puede ganarse por ningún mérito propio, no es algo que nosotros logremos; sin embargo, es algo que hay que pedir constantemente. Vivir en gracia no es un estado pasivo, por el contrario, una vez que recibimos la gracia tenemos que responder a ella.

Cuando nos encontramos en las situaciones en que sentimos nuestra impotencia, cuando sentimos que no tenemos poder sobre nada, es cuando en realidad más tenemos porque lo que podemos tener es una gran apertura a la gracia. Tenemos que confiar, no nos queda otra, nosotros ya no podemos hacer nada. La confianza entonces empieza a sostener la fe y esta de nuevo construye la confianza.

Este es el momento de confiar todas nuestras expectativas en las manos de Dios y pedirle que nos llene de esperanza.

La diferencia entre expectativa y esperanza, es que la primera está basada en los hombres, en la circunstancias o en nosotros mismos, mientras que la esperanza está basada en el amor de Dios y en la seguridad de que ese amor incondicional no nos va a desamparar. Entonces sí, la esperanza es confiar en Él, que nunca nos va a fallar.

Cuando pasamos por periodos de desolación, estos pueden ser superficiales o profundos, elegidos o forzados, cortos o prolongados, todos envuelven la lucha contra la adicción y todos tienen un significado espiritual. Cada lucha que emprendemos con la adicción envuelve una privación, es un desierto.

En ocasiones es en esos desiertos, cuando nos hallamos más impotentes donde podemos abrir las manos y pedir la gracia. Primero la gracia de creer que Dios nos ama, que le interesamos.

Una vez que estamos dispuestos, con las manos abiertas para recibir la ayuda, la gracia de Dios, podemos entonces emprender el proceso de recuperación de la misma manera como se inició el proceso adictivo. Vamos a ir directamente a las raíces de ese proceso.

Sanar las raíces

Hemos analizado ya las raíces del proceso adictivo. Hemos identificado como causa la falta de identidad de la persona.

Ahora la fe, la experiencia espiritual, el encuentro con Jesús, salvador personal, vendrán como manifestación de la gracia, a través de la cual nos daremos cuenta de que somos seres únicos e irrepetibles, dotados de cualidades que tal vez ni siquiera conocemos y con todo un mundo abierto para caminar en él con la libertad que Dios quiere para nosotros.

Las personas no tienen identidad, no saben quiénes son, porque esta identidad se va formando con la aceptación y la afirmación de nuestros padres, y si estos, por cualquiera que haya sido la razón, no nos afirmaron y no llenaron nuestras necesidades, la identidad no se formó debidamente, no existe o se ha distorsionado identificándose con el hacer o el poseer.

En los momentos de crisis, en los momentos de desierto, es cuando tenemos oportunidad para preguntarnos quiénes somos en realidad. Y en estos momentos la gracia de Dios puede revelarnos que somos criaturas del Creador, hijos del Padre y que no puede haber en la vida una identidad mejor que esa.

Sabernos hijos de Dios, puede darnos la primera visión de pertenencia que hayamos tenido. Puede hacernos sanar de la posible vergüenza de nuestra familia o del dolor de no tenerla. Puede abrirnos el camino hacia nuevas potencialidades de realización. Somos hijos de Dios, herederos del reino, ¿qué más podemos desear? En la medida en que dejamos penetrar esta verdad en el espíritu, en esa misma medida van desapareciendo los miedos a no poder vencer las adicciones. Si Dios está conmigo, ¿qué puedo temer?

La certeza de no haber nacido por casualidad o por descuido. Saber que Dios eligió a nuestros padres para que lo fueran, sabiendo que no iban a ser perfectos, hace pensar que Él estaría para nosotros siempre. Nacimos por un designio especial de Dios, por un deseo suyo. Nacimos en el lugar y el tiempo pensados por Él desde toda la eternidad. Creo lo que dicen la Sagrada Escritura, en el libro del profeta Isaías (49:15):

¿Puede acaso una madre olvidar, al bebé que lleva en las entrañas? Pues aunque ella lo hiciera, aunque ella olvidara, Yo nunca de ti me olvidaré. Eres mío y tu Padre soy.

Tanto si la falta de identidad ha sido causada por carencias en el plano físico, emocional, intelectual y espiritual, como por heridas y traumas en los primeros años de vida del niño, es muy importante saber que pueden ser curados, no solamente manejados y aceptados.

Esto se realiza a través de la curación interior en la terapia de oración.

Por más de 16 años hemos contemplado las maravillas que realiza la gracia a través de esta curación. Muchas personas que han llevado terapias por muchos años, que han tratado de resolver por muy diversas formas su falta de identidad, cuando empiezan un proceso de curación interior se quedan asombrados de los cambios paulatinos y permanentes que tienen.

La curación interior consiste en primer lugar en poner a la persona en contacto con Jesús, con el amor de Dios. Somos simplemente quienes le presentamos al adicto ese amor de Dios; el resto, la relación que establezca con Él, dependerá de la propia persona. La curación interior está basada en la premisa de que para Jesús el tiempo es un eterno presente y que Él puede acompañar a la persona a los primeros años de su vida, darle su visión de los acontecimientos guardados muchas veces en el inconsciente y hacerle ver que tanto las carencias como las heridas o los traumas, no fueron provocados por el niño, sino por la incapacidad de los adultos a su alrededor de darle lo que necesitaba. Muchas veces habrá que acompañar a las personas en un proceso de perdón por las heridas causadas en ellos. Otras, bastará darse cuenta de que los adultos encargados de darles el amor y el cuidado para que maduraran eran personas lastimadas, heridas, incapaces de dar lo que no tenían.

De cualquier manera, sentirse acompañado por Jesús, de Su mano, recorriendo la propia historia y expresándole a Él los sentimientos sepultados y reprimidos en el fondo del ser, sana a la persona y rompe las cadenas que la mantenían atada y que hacían que los acontecimientos de su vida de adulto se sumaran a heridas aún abiertas y supurando.

Como dijimos antes, el permitir a la persona sacar el dolor y el coraje o aquello que las heridas le hubieran producido es algo que en los últimos años ha sido abordado por diversos tipos de terapia, pero sólo en la curación interior, este sacar el dolor, el miedo, el coraje, la culpa y la vergüenza, lo que sea, se hace en la presencia de Jesús, que no nos enjuicia, sino que nos da Su amor incondicional y nos asegura que somos dignos de ese amor.

Hay muchos caminos para la curación interior, pero todos van encaminados a poner a la persona en contacto con ese amor sanador de Jesús que puede llenar las carencias y sanar las heridas que hemos tenido a lo largo de nuestras vidas.

El sentir ese amor, el sentir que no necesitamos dar nada a cambio, el sentir que ese amor no tiene las limitaciones del amor humano, que no lleva cuenta del mal, que nos perdona siempre es lo que verdaderamente nos sana.

Una vez que sabemos quiénes somos, que hemos aceptado nuestra dignidad de hijos de Dios, debemos trabajar con nuestras emociones.

Sanar las emociones

Al hablar sobre las emociones, hemos visto que son una parte esencial de nuestra vida. Descubrimos también que muchas de esas emociones han sido sepultadas en nuestro inconsciente porque no sabíamos manejarlas y nunca se expresaron.

Al tratar y hablar por separado de cada emoción, aclaramos en cierto modo cómo debe manejarse cada una, cómo puede expresarse en la presencia de Jesús y de alguna otra persona confiable. Esto también es curación interior.

Sanar el resentimiento

Al hablar sobre nuestras emociones reprimidas, vimos cómo en la mayoría de las ocasiones esas emociones sepultadas en nuestro inconsciente, además de las heridas, traumas y carencias de nuestra infancia, han llenado nuestro corazón de resentimientos de los cuales muchas veces ni nos damos cuenta, pero que nos imposibilitan para relacionarnos sanamente.

La curación interior de las raíces lleva consigo un proceso de perdón a todos los que nos lastimaron o no nos dieron lo que necesitábamos. Por todo esto es necesario hablar claramente del perdón.

El perdón

Comenzaremos por preguntarnos: ¿Qué es el perdón?

Desde el punto de vista psicológico es la clave de la salud integral del ser humano. Cuando no perdonamos, se afecta nuestro cuerpo, nuestra mente, nuestras emociones y también nuestro espíritu.

Desde el punto de vista espiritual es una gracia, quizá una de las más necesarias que Dios pone a disposición del hombre. Y es también condición para la salud espiritual.

Nosotros sostenemos que el hombre, por sus propias fuerzas, no puede perdonar de corazón a aquellos que lo han lastimado.

Empezaremos por aclarar que existe un perdón superficial. Cuando perdonamos así decimos que: "Perdonamos, pero no olvidamos", "que perdonamos pero no queremos oír hablar de la persona" y además no desperdiciamos ninguna oportunidad para hablar negativamente de quien nos lastimó. Este es un perdón a medias o un perdón "a lo humano".

El perdón de corazón consiste en "cancelar la deuda". Empieza por una decisión de la voluntad que dice: "Yo quiero perdonar al que me ha ofendido", y pasa por varias etapas que iremos explicando.

Para nosotros los cristianos, el perdón nos lo enseñó Jesús en la Cruz, cuando, al entregar su vida por nosotros, dijo a los que habían causado su muerte: "Padre, perdónalos, porque no saben lo que hacen". Este es el ejemplo de perdón más grande que ha conocido la humanidad. De aquí se desprende para todos nosotros no sólo el ejemplo, sino la gracia que nos ayuda a perdonar.

Cuando no perdonamos encadenamos a tres personas: a nosotros mismos, al que nos ofendió y a Dios. A nosotros mismos porque nos cerramos al amor de Dios, al otro porque le impedimos que le llegue el amor, y a Dios, porque al retener el perdón al otro, lo bloqueamos para recibir Su Amor.

Al tomar la decisión de perdonar, que, como ya dijimos, empieza en la voluntad —aun cuando nuestros sentimientos sean muy negativos— abrimos la puerta para que el amor de Dios llegue a nosotros y al otro y nos transforme.

Por eso fue que Jesús dio una regla al cristiano: "Ama a tus enemigos, ora por los que te persiguen, haz el bien a los que te aborrecen". Y nunca dijo: "Si la falta o la herida es pequeña" o "en tal o cual caso solamente". El sólo dijo: "Perdona a los que te ofenden" y cuando le preguntaron, ¿cuántas veces? Él contestó: "Setenta veces siete", que quiere decir: Siempre.

El sabía lo importante que es el perdón para los demás y para nosotros. El sabía que es la clave de la salud integral del ser humano. Hay que perdonar al otro no porque se lo merece, sino porque lo necesita tanto él como nosotros.

Hemos visto que tenemos muchas heridas causadas por diversas personas significativas, que a lo largo de la vida no han podido darnos amor incondicional. La mayoría de estas heridas no fueron voluntarias. Son producto de una serie de limitaciones humanas de varias personas con las cuales nos hemos relacionado.

En el proceso de autoconocimiento y de curación interior, ha ido saliendo todo esto a la luz, y hemos tomado conciencia de nuestra realidad. Para que puedan sanar nuestras emociones, nuestra mente y nuestro espíritu, tenemos que pasar por un proceso de perdón. Este es un paso importante que abre la puerta a la salud completa.

Cuando nosotros aceptemos que no podemos perdonar de corazón con nuestras propias fuerzas, habremos dado un gran paso, podremos decir: "Dios mío, danos tu gracia".

Después decidiremos si "queremos" perdonar. Para este momento ya debemos conocer, ¿qué vamos a perdonar? y ¿a quién? Pues muchas veces es tan grande el dolor que nos bloqueamos o negamos para no sufrir y esto nos impide ver la realidad.

Cuando hablamos de la curación de las emociones vimos que a la mitad del proceso llegaba el momento de perdonar. Aquí quedaba pendiente el proceso de curación hasta que nosotros tomáramos la decisión de perdonar y para que entonces pudiéramos ver la verdad con toda claridad.

Este es el paso que debemos dar dentro del manejo de las emociones para poder sanar. Este perdón es el perdón inicial o el perdón de la voluntad.

Sin embargo, muchas veces es tan profunda la herida que no podemos sentirnos en paz y muchas veces parece que tenemos una regresión por tanto dolor acumulado que no sabemos manejar. En estos casos es muy importante saber que para perdonar de corazón hay que pasar por un proceso.

Mathew Linn y Dennis Linn en su libro *Sanando las heridas de la vida a través del perdón* nos descubren las etapas de ese proceso. Dicen que perdonar es como morir y que para perdonar hay que pasar por los mismos cinco pasos que viven los moribundos.

Las etapas son: negación, enojo, regateo, depresión y aceptación. No son automáticos ni son siempre de la misma duración. Tampoco es necesario que las personas pasen por cada etapa en orden. Algunas pasan de la primera a la última o pueden pasar de la primera a la tercera y después regresarse antes de avanzar de nuevo. La meta del proceso de perdón es la aceptación. Cuando hemos llegado a esta etapa se puede decir que hemos perdonado de corazón.

Vamos a explicar en que consiste cada etapa:

1. *Negación.* No podemos aceptar la realidad. "Yo no tengo nada que perdonar a nadie." "A mí no me ha lastimado ninguna persona."

2. *Enojo.* Nos damos cuenta de que sí nos han ofendido y empezamos a culpar al otro. "¿Por qué a mí?". "¿Qué le he hecho?". "No es justo que me lastimen tanto."

3. *Regateo.* Ponemos nuestras condiciones para perdonar. "Si cambiara la perdonaría". "Si me prometiera no volver a hacerlo, aceptaría perdonar". "Si se arrepintiera, podría hablar de perdón."

4. *Depresión.* Nos culpamos a nosotros mismos, y decimos: "¿Por qué me dejé lastimar tanto?". "¿Cómo es que sigo tan enojado?". "¿Por qué no acabo de sentirme en paz?"

5. *Aceptación.* Por fin decimos: "Sé que no va a cambiar, pero eso no me corresponde a mí". "Acepto perdonar con Jesús". "Acepto su gracia". "Perdono porque no sabe lo que hace."

Aquí se cierra el círculo del perdón. Este perdón es un regalo de Dios. Es su amor generoso y compasivo en acción. Es el amor misericordioso de Dios que me mueve a actuar como Él.

Para empezar a recibir salud, basta decir: "Quiero perdonar". Dios honra el deseo de mi voluntad. Si después voy pasando de una etapa a la otra, no debe extrañarme. Esto no significa que *no* haya yo perdonado, sólo quiere decir que soy humano y necesito tiempo para llegar al perdón de corazón. Debo tener paciencia conmigo mismo. El perdón prematuro a veces no es auténtico.

Perdonar es decir "sí quiero".
Perdonar es orar por los enemigos.

Perdonar es hacer bien a los que me ofenden.
Perdonar es amar con Jesús.
Perdonar es olvidar las ofensas.

Hay una oración que damos a las personas que han descubierto que deben perdonar y que han decidido hacerlo. Les pedimos que la repitan todos los días hasta que lleguen al final del proceso y puedan recibir la gracia que Dios da a quien se la pide.

En nombre de Jesús yo perdono a (decir el nombre) por todo el mal que ha hecho consciente o inconscientemente, voluntaria o involuntariamente y le pido a Dios que lo bendiga.

Amén.

Nuestras emociones podrán sanar cuando perdonemos. También somos libres porque no nos ata el resentimiento.

La curación interior de las raíces se hace realidad y podemos gozar de la paz profunda y la alegría que son signo de la verdadera felicidad.

Sanar a la familia disfuncional

La curación de la familia disfuncional abarca aspectos mucho más amplios que la curación individual de sus miembros.

Pretender cambiar la forma de ser o de relacionarse que ha existido en una familia por años y que la ha convertido en disfuncional es muy difícil. En el proceso de recuperación el individuo sólo puede dedicarse a su propia recuperación.

Pero cuando un miembro de la familia empieza ese proceso hacia la salud, lo primero que hace es dejar de jugar los roles o papeles que ha venido desempeñando en su familia y al hacerlo algo sucede en la familia, se rompe el equilibrio en el que habían vivido y posiblemente entran en crisis. Este es el momento de gracia para ver la posibilidad de entrar en una terapia familiar y darse cuenta de lo que realmente sucede dentro de esa familia. Empezará entonces una verdadera comunicación de sentimientos que, aunque dolorosa, es la única salida que la familia tiene para empezar a sanar.

Después de esta comunicación, brotarán a la luz las heridas que los miembros de la familia se han hecho unos a otros y entonces pueden elegir entrar en un proceso de perdón.

Cuántas veces el momento privilegiado del cambio familiar se ha dado porque un hijo alcohólico ha bebido en exceso, ha tenido un accidente y está en la cárcel.

El psicólogo encargado del chico pide a los padres que entren en terapia familiar y descubren de pronto que su familia no era tan perfecta como ellos querían creer y a pesar del dolor que el cambio implica toman la decisión de trabajar juntos para mejorar las relaciones y lograr que la familia funcione sanamente.

Cuando la terapia familiar se acompaña de la terapia individual para los miembros de la familia que lo requieren o bien de un proceso de curación interior, el cambio, la transformación es mucho más rápida y duradera.

Hemos trabajado muchas veces con terapeutas familiares que ven las relaciones entre las personas de la familia mientras nosotras acompañamos a los hijos o a los padres en un proceso de curación que los lleve al perdón, al manejo de sus emociones, etcétera.

Este proceso verá a la persona en donde esta se encuentre y la ayudará a sanar de sus propias heridas sin tratar de cambiar la situación o de cambiar a las otras personas involucradas en el conflicto.

Cuando el trabajo se hace en conjunto los resultados son

increíbles. La familia empieza entonces a apoyar a los miembros que lo necesiten a cambiar sus conductas, evitando el juicio y ayudando realmente en lo que se le pide.

Es importante buscar como terapeuta familiar a personas que manejen valores similares a los nuestros. Porque de otra manera en lugar de ayudar a solucionar conflictos, creará nuevos conflictos de valores.

Vamos a proponerles un esquema de lo que podría ser la curación de la familia, sabiendo que esto puede tomarse individualmente y de acuerdo con los conflictos que surjan.

1. Darse cuenta de lo que sucede y tomar la decisión de cambiar

2. Curación interior y terapia individual
   - a) curación de heridas y recuerdos
   - b) proceso de perdón
   - c) aceptación de los padres o de los hijos
   - d) elegirlos libremente

3. Terapia familiar
   Grupos de apoyo
   Cursos para cambiar patrones de conducta
   - a) cursos de autoestima
   - b) comunicación
   - c) manejo de sentimientos
   - d) cursos para salir de la codependencia

Ninguna de estas terapias, ni ninguno de estos cursos servirá de nada a menos que la familia o la persona deseen con todo el corazón entrar en la recuperación, de otra manera será una terapia o un curso más que no producen ningún cambio importante en las actitudes y conductas personales y familiares.

En la medida en que podemos lograr más la salud familiar estamos dando pasos para lograr la salud de la sociedad. En la medida en que el individuo logre la paz interior y pueda comunicarla a su familia y esta la haga suya, estaremos contribuyendo a que haya un poco más de paz en el mundo que tanto la necesita.

Sanar las actitudes y los patrones de pensamiento

La gracia de Dios se manifiesta de diferente manera en cada etapa del proceso de recuperación, pero, indudablemente, esa gracia no nos va a permitir sentarnos con las manos abiertas a esperar que Dios haga las cosas por nosotros. De ninguna manera, la gracia en esta etapa se me va a presentar como la fuerza en mi voluntad, y la luz en mi inteligencia para que pueda analizar mis conductas y pueda dar los pasos para cambiarlas.

Tenemos que trabajar en el proceso de recuperación, y trabajar mucho. Poco a poco nos daremos cuenta de los mecanismos de defensa que usamos regularmente, seremos conscientes de cuándo los usamos, cómo los usamos y para qué los usamos.

En esta fase del proceso es muy importante contar con una persona o un grupo que nos ayude a ver la verdad, a enfrentar nuestras conductas, y que no nos permita evadirnos por medio de nuestros mecanismos de siempre.

Sin esa persona, sin ese grupo, la recuperación es muy difícil.

Vamos a ver las facetas y vamos a ver cuáles son los pasos a seguir para cambiar nuestro comportamiento y nuestra manera de percibir las cosas.

Negación

Hemos analizado ampliamente la negación. Ahora sólo hablaremos de las formas de enfrentarla.

Todos saben que la adicción tiene que acabar, pero inconscientemente se coluden con ella; a veces la familia, a veces los compañeros de trabajo, y aun los médicos entran en relaciones codependientes con sus enfermos. Todo esto no sirve más que para darle ocasión al adicto de seguir en lo mismo. La negación de la persona ya es suficientemente fuerte, para que, además, todo el sistema la sostenga.

Todos sabemos que beber puede llevar a las personas al alcoholismo y, sin embargo, basta que una persona diga, "no, gracias", a la invitación a tomar una copa, para que los anfitriones o los amigos se burlen, la acosen y la inciten. Esta situación debe terminar. Debemos ser muy conscientes de no insistir jamás con alguien que decide no fumar, no beber, no comer postre, etcétera. Además, en los casos en que los familiares no se den cuenta de que están cayendo o ya cayeron en alguna adicción, tener el valor de confrontarlos, sin acusarlos ni enjuiciarlos, sólo presentando los hechos. Por lo menos no sostener la negación.

Para poder enfrentar la verdad de lo que nos pasa, necesitamos que alguien nos lo diga, alguien en quien confiemos y sepamos que nos ama. Para esta confrontación existen métodos específicos de intervención que deben prepararse con tiempo y que siguen determinadas directrices. Cuando la intervención se hace a tiempo, la posibilidad de recuperación del adicto es mucho mayor.

Cuando los médicos, psiquiatras y psicólogos enfrentan la adicción en alguno de sus pacientes, y esta adicción no es a la droga o al alcohol, generalmente no la tratan, no se dan cuenta de que es el síntoma de algo más que está oculto y en muchos casos hasta consideran positivo que la persona se obsesione con algo —ya sea el juego, la comida o el trabajo—; aún más, los estimulan para que a través de eso descarguen su tensión sin darse cuenta de que, no importa cuál sea la adicción, lo dañino es la esclavitud.

Autoengaño

Esta faceta no tiene más salida que enfrentar la verdad. Aceptarla de los que tenemos cerca y estar internamente dispuestos a ir descubriendo las sutilezas de los mecanismos de la adicción que nos mantienen atados a ella. No hay salida posible en tanto que sigamos engañados creyendo que la cosa no es tan seria como nos la pintan.

Deshonestidad

Hemos hablado mucho de todas las conductas no éticas a las que una persona se adhiere casi sin darse cuenta cuando es adicta. Conocemos muchas personas que tienen intelectualmente el deseo de salir de la adicción, pero cuando se empieza a trabajar en la necesidad de cambio en muchas áreas de la vida, es cuando el proceso se corta y la recaída sobreviene. ¿Por qué? Porque dejar, por ejemplo, las maneras ilícitas de conseguir el dinero para continuar con la adicción requiere mucho valor; dejar de juntarse con las personas que apoyan y mantienen la adicción también es muy difícil. Decir la verdad es algo que parece muy sencillo pero no lo es para el que no sabe ya cuál es la verdad porque ha vivido mintiendo por años. El engaño constante a los demás sobre nuestras motivaciones y acciones tiene que parar si queremos lograr algo. Tenemos que adherirnos estrictamente a la honestidad en todos los ámbitos de nuestra vida. No puede haber áreas en las que se viva en la verdad y áreas escondidas donde se vive la mentira.

Distorsión

Cuando se vive en la mentira, en el engaño a los demás y en el engaño a nosotros mismos, dejamos de tener una noción de lo que es la verdad. Usamos la exageración sin darnos cuenta, decimos partes de la verdad, falseamos la verdad para lograr nuestros fines y lo único que el otro percibe es una verdad a medias. Necesitamos hacer esfuerzos enormes para adherirnos a la más estricta verdad y para ello es muy útil tener a alguien que nos desee ayudar que pueda retroalimentarnos en cuanto a nuestra adhesión a la verdad.

Si el adicto tiene una experiencia junto con su esposa y luego va a contar esa experiencia a sus hijos, sería muy importante solicitar el apoyo de la esposa para que le diga si al relatar una experiencia se apegó a la verdad. Esto, que parece tan simple, es muy difícil de lograr, porque luego las personas, con el pretexto de que no te quieren lastimar son incapaces de decirte honestamente: "Mira, creo que al relatar tu experiencia exageraste; en ese lugar no había 200 personas, sólo había 40; el invitado no llegó tres horas tarde, sólo 25 minutos", y así, ir haciendo a la persona consciente de su facilidad de distorsionar la realidad.

Como vemos, hay una incapacidad real de la propia persona para ver la realidad, por eso es tan importante que sean otros los que le muestren en dónde la está distorsionando. Necesitamos humildad para aceptar esa retroalimentación.

Vivir a la defensiva

La única forma de evitar esto es ir creciendo día a día en la confianza de que Dios nos ama como somos y en donde estamos y que si tenemos el deseo de cambiar, este cambio no es instantáneo y que si estamos en el proceso de recuperación podemos recaer. Sin embargo, no necesitamos sentirnos atacados por los demás, ni mucho menos defendernos del ataque respondiendo con otro ataque.

Desesperanza

Aquí es donde nuevamente tenemos que distinguir lo que son las expectativas que pueden fallarnos, porque están puestas en nosotros mismos, en las circunstancias y en los demás, y lo que es la virtud de la esperanza, que nunca falla porque está puesta en Dios. Debemos pedir constantemente la gracia de la esperanza y la fe para emprender la lucha con nuestras adicciones con la seguridad de que vamos a poder ganarla con la ayuda de Dios.

Basado en promesas

Lo único que tenemos para empezar son nuestras realidades y con eso es suficiente. Tenemos que dejar de negar lo que está sucediendo realmente. Si el hijo promete un cambio, no darlo por hecho hasta que no suceda, no creerlo, no darle aquello que sólo le va a ayudar para seguir la adicción.

Absorción

Tomar lo bueno que la otra persona nos ofrece, pero sin pensar que por esa parte buena que vemos podemos volver a creer en ella perpetuando la codependencia. El esposo alcohólico tiene un área de la vida en la que complace a su mujer y a sus hijos. Tú puedes aceptar esa parte positiva, pero sin creer que esa parte positiva le quita por sí sola lo alcohólico.

Pensamiento todo o nada

Necesitamos cambiar nuestros modelos de pensamiento. Esta forma de pensar se desarrolla en familias muy rígidas. No hay términos medios: es blanco o es negro. Como así crecimos, cambiar estos modelos requiere de modelos nuevos y de personas que se comprometan con nosotros a señalarnos cuando caigamos de nuevo en este dualismo y nos estemos cerrando a ver la variedad de opciones que tenemos delante de nosotros y que van, en una gran gama, desde el todo a la nada, desde lo negro hasta lo blanco pasando por todos los matices del gris. Nuestra vida obtendrá a través de esta nueva manera de pensar mucha más riqueza.

Ilusión de control

Hasta ahora la ilusión de control que hemos tenido no ha sido más que eso: ilusión. No controlamos nada, ni siquiera nuestras adicciones. Reconocerlo es muy duro, pero es un gran paso. El siguiente paso es darle a Dios el control de nuestra vida, minuto a minuto. Darle el control de nuestras emociones, de nuestras relaciones. Aceptar nuestra impotencia. No culpar a nadie por lo que nos pasa, porque culpar es otra forma de controlar.

Referencia externa

Hasta ahora lo que somos o lo que creemos ser, nuestro "sí mismo codependiente", ha crecido por validación externa, por el concepto que los demás tienen de nosotros. Una vez que hemos aceptado nuestra identidad verdadera, nuestra dignidad de hijos de Dios, tenemos que dar pasos pequeños, día a día para conocer el "sí mismo real, auténtico", para descubrirlo y darle oportunidad de desarrollarse. Entonces empezaremos a ser nosotros mismos y lo que los demás piensen de nosotros pasará a segundo término, no será más el único motor de nuestros actos.

Invalidación

Como para las demás características de las adicciones, en esta necesitamos la ayuda de alguien ajeno a nosotros que nos ayude a discernir cuando de todo un contexto una parte no nos gusta y eso nos hace descartarlo todo. Debemos aprender a distinguir el trigo y la cizaña, saber separar y tirar la cizaña sin tirar el trigo.

Olvido

Necesitamos llevar un inventario estricto de nuestros olvidos. Necesitamos también la retroalimentación de los que viven a nuestro alrededor. Tratar de apuntar en una agenda lo que tenemos que hacer y al final del día, hacer un análisis de esa agenda para ver lo que olvidamos. Ya no valen excusas ni justificaciones. Aceptar cuando nos hemos olvidado de algo.

Proceso de pensamiento confuso

En la persona adicta los procesos de pensamiento son confusos y obsesivos, necesitamos también aquí la ayuda de alguien comprometido con nosotros. Requerimos humildad para aceptar cuando otro nos dice que estamos repitiendo lo mismo una y otra vez, que no se entiende lo que decimos.

Necesitamos intentar cuantas veces sea necesario decir las cosas coherentemente, no importa el tiempo que esto se lleve; necesitamos salir de la confusión, necesitamos claridad. Debemos además pedírsela a Dios constantemente.

Perfeccionismo

Nos han exigido tanto en la vida y nos hemos exigido tanto nosotros que nos es muy difícil aceptar que estamos muy lejos de la perfección. Sólo cuando aceptamos que Dios no nos está exigiendo perfección, somos capaces de tratarnos con suavidad. Esto parece muy sencillo, pero es una de las cosas mas difíciles de lograr. Nadie se trata con más dureza que uno mismo. Nadie es peor juez que uno mismo. Empezar nuevos caminos de suavidad, gentileza y aceptación de uno mismo es todo un reto, no estamos acostumbrados, no lo sabemos hacer. Pero confiamos en ese amor de Dios que nos apoya —aunque no hagamos las cosas perfectas—, que nos tiene paciencia mientras contempla los pasos que vamos dando en la recuperación.

Centrarse en sí mismo

Una vez que hemos aceptado el amor de Dios, que le hemos pedido su ayuda para recuperarnos, necesitamos dejar de hacer y querer que el mundo gire alrededor de nosotros. Es importante dejar de ser el centro de nuestras vidas y de las vidas de nuestra familia para poner en el centro de nuestra vida a Dios. Necesitamos dejar de contemplarnos y poner nuestra vida en Sus manos y, sin dejar de trabajar, empezar a conocerlo, a maravillarnos de la obra que está realizando en nosotros. Necesitamos también aquí la ayuda de los que viven a nuestro alrededor: que nos hagan notar cuando volvamos a centrarnos en nosotros mismos, cuando caigamos en el egoísmo, etcétera.

Sanar las conductas

Hemos visto y analizado desde el punto de vista de la psicología, de la neurología, de la sociología, de las Sagradas Escrituras y de la teología lo que es la adicción y cómo se forma. Hemos expuesto ya ante el amor sanador de Jesús nuestras raíces, nuestras emociones reprimidas y nuestra familia disfuncional y estamos sintiendo ya cambios en nuestras motivaciones. Ahora nos enfrentamos al reto de cambiar nuestras conductas.

El primer paso en el cambio de conductas es empezar la batalla hoy. La neurología nos ha dicho que cuando una adicción se suspende por un tiempo y luego se cae en ella de nuevo, la adicción toma mucho más fuerza. Por lo tanto, nuestra decisión debe ser para siempre; hoy, de un tajo. Ya sabemos el daño que nos causa y no podemos seguir coqueteando con ella.

Necesitamos clamar a Dios por Su gracia para que esta acuda en ayuda de nuestra debilidad y fortalezca nuestra voluntad para elegir cortar la conducta adictiva.

Recordando lo que nos han enseñado la psicología y la neurología de cómo se forman las adicciones, tenemos que darnos cuenta de que la única manera de ganar la batalla es revirtiendo el proceso.

Veamos como:

Al hacernos adictos nos hemos regido por el principio del placer; tiene que venir ahora un cambio completo. Necesitamos mejores motivaciones y debemos aprender a diferir nuestra satisfacción inmediata. Esto requiere un cambio interior completo. Supone nuestro deseo de quitarnos del centro de nuestra vida y poner en ese centro a Dios. Ahí habremos de aguardar Su misericordia y Su salvación, el fluir de Su gracia para salvarnos. Es un verdadero proceso de conversión de nuestro antiguo modo de vida y de pensar a uno nuevo, en el que la meta de nuestra vida sea diferente. En donde la perspectiva de la relación con Dios, con los demás y conmigo mismo sea importante, más importante que mi relación con una sustancia o con un proceso.

En donde yo tome la decisión de vivir plenamente. Donde yo elija dejar la esclavitud y ser libre.

Es aquí, en el momento en que llega el cambio interior, cuando los psicoterapeutas deben ayudar a sus pacientes a vislumbrar la perspectiva de este cambio; a contemplar las opciones y a descubrir nuevas motivaciones. Este cambio se da en el nivel espiritual y desde ahí influencia los demás niveles y es influenciado por ellos. El cambio espiritual se da a partir de darse cuenta intelectualmente de la situación.

Una vez decidido al cambio, necesito darme cuenta que debo actuar en la forma en que se formó la adicción: por la repetición de actos. Pues ahora tengo que repetir actos positivos para cambiar los hábitos negativos. Tengo que sustituir los hábitos adictivos por hábitos de virtud especialmente de la virtud contraria al hábito que tenía. Por ejemplo, si estaba habituado a tener pensamientos negativos, ahora debo tratar conscientemente de repetir actos de pensamientos positivos. Estos van a producir ahora el efecto placentero, porque mi meta es mucho más elevada. La satisfacción empezará por el nivel superior, por la sensación de triunfo. La repetición debe ser constante y el triunfo se da acto por acto, hasta que el sistema nervioso lo registre y lo convierta en hábito.

¿Que costará trabajo? ¡Naturalmente! Es una lucha que va a involucrar todas nuestras potencias: nuestra memoria, que debe dejar de fijarse en el objeto de la adicción para volverse a la virtud contraria; nuestro entendimiento, por el cual tendremos noción de nuestros procesos y percibiremos la acción de la gracia y por último nuestra voluntad para hacer las elecciones adecuadas en cada momento.

Tal vez caigamos muchas veces; no nos avergoncemos; la vergüenza es una tentación para dejar de luchar. Las recaídas deben servirnos para aceptar la realidad de que dependemos del influjo constante de la gracia. No basta la gracia en la conversión: es necesaria cada minuto de nuestra vida.

Necesitamos también perdonarnos a nosotros mismos. Hacerlo es realmente un milagro, porque somos nuestros jueces más duros.

Cuando llegamos a esta etapa, la Sagrada Escritura, la palabra de Dios, nos ayuda mucho. Recuerda que la palabra de Dios es viva y eficaz, por eso lo que dice en el libro del profeta Isaías (55:11) puede ser para ti la fuerza que necesitas:

Como bajan la lluvia y la nieve del cielo,
y no vuelven allí sino que empapan la tierra,
la fecundan y la hacen germinar,
para que dé semilla al sembrador y pan para comer,
así sera mi palabra, que sale de mi boca,
no volverá a mí vacía,
sino que hará mi voluntad
y cumplirá mi encargo.

Y, ¿cuál es Su voluntad y Su encargo? No es otro que salvarnos. Entonces recurramos a ella cuando nos sintamos débiles y vencidos, reconozcámonos pecadores y enfermos necesitados de salvación y curación y tengamos la seguridad de que la gracia llegará a nosotros a través de la Palabra.

Para darnos una idea de esto, veamos lo que Sandra LeSourd en *Compulsive Woman* nos dice:

Las acciones, aunque importantes, no lo eran tanto como los cambios efectuados en mi mente y en mi espíritu. Estos cambios empezaron en el hospital cuando recordé un pasaje de la Escritura que aprendí de niña: Por sus llagas hemos sido curados. Supe entonces que mi mente no estaba tan dañada como para

233

no recordar. Los cambios que siguieron se dieron alrededor de la conciencia básica y asombrosa de que no tenía que probarle nada a Dios. Para mi regocijo, Él me amaba incondicionalmente.

Sandra LeSourd es una mujer que cuenta la historia de su lucha en contra de múltiples adicciones que la llevaron a la destrucción de su familia, de sus relaciones y de su trabajo, llevándola varias veces a intentar suicidarse. Sin embargo, fue a través de un profundo proceso de conversión que ella sanó y ahora se dedica a recorrer el país dando testimonio de su recuperación. Fue drogadicta, alcohólica, tuvo adicción a las cosas de ocultismo y muchas otras cosas. Su lucha fue no contra una adicción sino contra múltiples adicciones y triunfó.

La Sagrada Escritura nos presenta muchos pasajes que pueden servirnos de luz, de guía en esta lucha tremenda contra nuestra esclavitud.

La Escritura es muy clara cuando nos dice que no podemos servir a dos amos, que tenemos que elegir.

Nos habla de dejar lo que tenemos —podemos poner aquí las adicciones— para seguirlo a Él.

Nos pide también no preocuparnos tanto del vestido y del sustento y confiar más en el cuidado de Dios, para luchar con nuestra adicción a tener cada vez más seguridades.

Nos habla del morir —a nosotros mismos, a nuestros apegos— para resucitar.

Es una ayuda auténtica. Podemos decir que hemos sido testigos del poder de la sagrada escritura cuando otras cosas no han sido de ayuda. En adictos severos, cuando tienen la mente confusa y dañada, la repetición de un solo versículo del Evangelio: "Venid a mí, todos los que estáis cansados y agobiados y Yo os aliviaré", una y otra vez hasta que penetra en la confusión mental y trae la paz al corazón.

Además de la ayuda de la gracia a través de la Escritura, necesitamos aceptar la realidad de que dejar nuestras adicciones, desprendernos de ellas, conlleva una pérdida. Han sido parte nuestra por años. Desprendernos requiere, por lo tanto, que seamos capaces de pasar por el proceso de duelo, el proceso de ir aceptando la muerte. Se trata de muchas muertes, pequeñas y grandes, para poder llegar primero a la aceptación de esa muerte a la adicción y poder obtener la resurrección.

Debemos reconocer o aprender a conocer la belleza del desprendimiento porque es liberación de la esclavitud y da cabida al amor; pero no deja de ser duro porque implica soltar, arriesgar y soportar con fortaleza las pérdidas que son reales y dolorosas. Al dejar los apegos no sentimos consuelo inmediato. Aparecen los síntomas de la abstención y hay mucho sufrimiento, mas si logramos pasar la prueba estaremos en camino hacia la verdadera libertad.

En cuanto a la sociedad. Si la recuperación de un adicto es tan larga y difícil, ¿qué tanto no lo será la recuperación de la sociedad como adicta, deshonesta, centrada en sí misma, dependiente y controladora?

Como cualquier adicto la sociedad tiene posibilidad de recuperación sólo en la medida que se reconozca la enfermedad y se le ponga nombre.

Es necesario tocar el fondo como dicen los alcohólicos, y nuestra sociedad está llegando a ese punto. Va a necesitar los mismos pasos que el adicto: reconocer, aceptar, cambiar de meta, eliminar conductas, convertirse, desprenderse, clamar por la gracia de Dios y depender totalmente de esa gracia para ir cambiando sus conductas y salir de su esclavitud.

Todos podemos contribuir a esta recuperación dejando a un lado y para siempre la negación, el encubrimiento, la dependencia y la deshonestidad. Nosotros podemos ayudar a la sociedad a recuperarse y ella podrá a su vez ayudarnos a nosotros y al menos nuestros hijos tendrán la posibilidad de vivir en un sistema abierto y no seguir para siempre encerrados y condicionados por un sistema social adictivo.

En la realidad, el proceso de recuperación de la sociedad y el de cada individuo es un proceso que involucra la totalidad de nuestro ser. Es en verdad un proceso religioso en cuanto nos *re-liga* con el Todo del cual provenimos, nos lleva a ser uno con Dios, con los demás y con nosotros mismos.

La teología moral puede ser de gran ayuda al proceso enfatizando el papel de la gracia. Debe comunicar una visión de esperanza en el amor de Dios lleno de gracia y liberación para los oprimidos y desvitalizados por el poder del pecado.

Si cooperamos con ese amor de Dios misericordioso y dador de vida, estaremos sanando, nos estaremos recuperando, nos estaremos conectando de nuevo a ese Amor del cual nos separamos por el pecado.

Esa recuperación incluye el arrepentimiento auténtico por haber puesto otros apegos en el lugar de Dios. Implica la conversión, el cambio de metas, la liberación de la esclavitud, la reconciliación con Dios, con los demás, con nosotros mismos y, por último, incluye la curación.

Podemos decir que recuperación es un buen nombre para describir la obra de la gracia.

Vivir es recuperarse y recuperarse es vivir.

Hablar de la gracia como sinónimo de recuperación es subrayar el regalo de la presencia sanadora de Dios como actuante en la vida de cada persona. Esa gracia respira, trabaja, ora, espera, crece y cambia. En fin esa gracia nos da la vida.

Al quitar nuestras adicciones permitimos que el Todo, si Él quiere, nos inunde con Su Presencia y con Su Amor.

La gracia es la fuerza más poderosa del universo. Trasciende la represión, la adicción y cualquier otro poder externo o interno que quiera oprimir la libertad del corazón humano. En la gracia está nuestra esperanza.

Recordemos que Dios rehusa ser objeto de apego, Él desea amor completo. Debemos buscarlo sobre todo y contra todo. Él es el primer interesado en llenar nuestro anhelo.

San Agustín entendía esto muy claramente y por eso decía esta frase que envuelve toda nuestra lucha contra los apegos y las adicciones:

"Nos hiciste para Ti, Señor, y nuestro corazón no descansará hasta que repose en Ti".

Bibliografía

BAARS, Conrad, *Feeling and Healing your emotions.* Nueva Jersey, Logos International, 1979.

BENTON, Richard G. y Gaynell DOEHNE, *Emotional Intimacy.* Nueva York, A & W, Publishers Inc., 1982.

BORIZENKO, Joan, *Guilt is the Teacher, Love is the Lesson.* Nueva York, Warner Books, 1990.

BRADSHAW, John, *Healing the Shame that Binds you.* Florida, Health Communications Inc., 1988.

————, *Bradshaw on the family.* Florida, Health Communications Inc., 1988.

BYRNE, Katherine, *A Parents Guide to Anorexia and Bulimia.* Nueva York, Henry Holt and Co., 1987.

CANE, Bill, *Through Crisis to Freedom*, Chicago, Ill., ACTA Foundation, 1980.

CASTILLO, María Esther B. de, Elia María B. de MAQUEO y Tesha P. de MARTÍNEZ BÁEZ, *Quiero ser libre.* México, Promexa, 1990.

FROMM, Erich, *Anatomy of human destructiveness*, citado

por Sandra LeSourd en *Compulsive Woman.*

GONZÁLEZ, Luis Jorge, *Plenitud humana con san Juan de la Cruz.* México, Editorial Progreso, 1988.

KELLOG, Terry, Conferencia para al Association of Christian Therapists en San Diego, California, 1990.

LERNER, Harriet G., *The Dance of Anger.* Nueva York, Harper & Row Publishers, 1985.

————, *The Dance of Intimacy.* Nueva York, Harper & Row Publishers, 1989.

LESOURD, Sandra Simpson, *The Compulsive Woman.* Nueva York, Chosen Books, 1987.

LINN, Mathew y Dennis LINN, *Sanando las heridas de la vida a través del perdón.* México, Librería Parroquial, s/f.

MAY, Gerald G., *Addiction and Grace.* San Francisco, Harper & Row Publishers, 1988.

McCORMICK, Patrick, *Sin as Addiction.* Nueva York, Paulist Press, 1989.

MILLER, Alice, *For your own Good,* Farrar, Strauss & Giroux.

OATES, Wayne E., *Confessions of a Workaholic.* Nashville y Nueva York, Abingdon Press, 1971.

PEELE, Stanton, *Love and Adicction,* citado por Sandra LeSourd en *Compulsive Woman.*

ROSELLINI, Gayle y Mark WORDEN, *Barriers to Intimacy.* Nueva York, Hazelden Recovery Book, 1989.

ROTH, Géneen, *Breaking Free from Compulsive Eating.* Nueva York, Signet Book editado por Nal Penguin Inc., 1984.

RUBIN, Theodore, *Compassion and Self Hate,* citado por Sandra LeSourd en *Compulsive Woman.*

————, *The angry Book.* Londres, Collier Macmillan Publishers, 1969.

SATIR, Virginia, *Conjoint Family Therapy,* Science and Behavior.

SCHAEF, Anne Wilson, *The addictive organizations.* San

Francisco, Harper and Row Publishers, 1988.

————, *When Society Becomes an Addict.* San Francisco, Harper & Row Publishers, 1988.

SCOTT, Peck, *People of the Lie.* Nueva York, Simon and Schuster, 1983.

SIEGEL, Mechele, Judith BRISMAN y Marcot WEINSHEL, *Surviving an Eating Disorder.* Nueva York, Harper & Row Publishers, 1988.

TOMKINS, Silvan, *Affect, Imagery, Consciousness,* Springer Publishing Co., 1962.

TOURNIER, Paul, *Guilt and Grace.* Nueva York, Harper & Row Publishers, 1962.

TWERSKI, Abraham, *Addictive Thinking.* Nueva York, Harper Hazelden Books, 1990.

VISCOTT, David. *The Language of Feelings.* Nueva York, Pocket Books, 1976.

WEGSCHEIDER-CRUSE, Sharon, *Learning to Love Yourself.* Deerfield Beach, Florida, Health Communications Inc., 1987.

WOITITZ, Janet G., *Struggle for Intimacy.* Deerfield Beach Florida, Health Communications Inc., 1985.

Esta obra se terminó de imprimir en octubre de 1997
en los talleres de Impresos Naucalpan, S.A. de C.V.
San Andrés Atoto No. 12, Col. San Esteban
C.P. 53550, Naucalpan, Edo. de México